Toni Hammersley

CLEAN

CLEAN

EINFACHE TIPPS UND TECHNIKEN FÜR IHR SAUBERES ZUHAUSE

Toni Hammersley

mvgverlag

Inhalt

Inhalt

WASCHKÜCHE

Inhalt

 Jeden Tag fege ich die Böden, wische Flecken weg, hebe Krimskrams auf und richte die Sofakissen. Und eine Stunde später? Wieder das gleiche Spiel! Unordnung gehört zwar zum Leben, aber wir fühlen uns einfach wohler, wenn wir sie beseitigen. Daher lautet die Devise ab jetzt: Sauberkeit nach Plan – ganz egal, ob Sie in einem großen Haus oder in einer Einzimmerwohnung leben.

In diesem Buch erfahren Sie, wie Sie natürliche Reinigungsmittel selbst herstellen und was alles in Ihr Putzset gehört. Ich verrate Ihnen außerdem meine tägliche, wöchentliche und monatliche Putzroutine und wie ich es schaffe, sie einzuhalten. Außerdem finden Sie hier Checklisten für wichtige Reinigungsabläufe, zum Beispiel für den Frühjahrs- und den Herbstputz, sowie viele Tipps und Tricks für all die großen und kleinen Aufgaben rund ums Saubermachen.

Es fällt uns nicht immer leicht, unser Zuhause blitzsauber zu halten. Manchmal mangelt es uns an Zeit oder Energie – oder wir fühlen uns überfordert. Das ist ganz normal. Darum nähern wir uns dem Chaos hier Schritt für Schritt an, sodass Sie es mithilfe eines für Sie passenden Putzplans spielend leicht bewältigen können. Vielleicht fällt Ihnen beim Saubermachen auch auf, dass Sie sich von einigen Dingen trennen können – ein gut organisiertes Zuhause ist noch dazu viel leichter zu reinigen. Mit meiner 30-Tüten-Entrümpelungsaufgabe am Ende des Buchs schaffen Sie schnell und einfach Platz!

Schenken Sie Ihrem Zuhause die Aufmerksamkeit, die es braucht. Mithilfe der Tipps und Tricks in diesem Buch wird Ihr Heim wie neu aussehen – und Sie können sich nach getaner Arbeit einen wohlverdienten Wellnesstag gönnen. Aber zuerst heißt es jetzt: Putzhandschuhe anziehen und ran an die Arbeit!

Alles Liebe,
Toni

Die Grundlagen

Für ein sauberes Zuhause braucht man Motivation. Um mich zu motivieren, ziehe ich bequeme Klamotten an, drehe ganz laut Musik auf und fülle meine Duftlampe mit einem ätherischen Öl. Und ich denke immer schon an das Ergebnis: Wie soll mein Zuhause nach dem Putzen aussehen? Gehen Sie Schritt für Schritt vor. Als Erstes stelle ich mir ein Putzset mit allem, was ich brauche, zusammen. Dazu gehören auch selbstgemachte Reinigungsmittel. Dann kommen erst jene Arbeiten dran, die in allen Räumen anfallen. Welche das sind und was Sie dafür benötigen, erfahren Sie in diesem Kapitel. Sind die Grundlagen erledigt, sind Sie motiviert genug, um weiterzumachen. Stellen Sie sich einen Timer, etwa eine Küchenuhr, um Ihre Zeit effizient zu planen – und los geht's!

001

DAS WICHTIGSTE SCHNELL ZUR HAND

Um Ihren Arbeitsablauf zu optimieren, sollten Sie ein Putzset mit allen benötigten Utensilien zusammenstellen. Dann müssen Sie nicht lange suchen oder Ihre Arbeit unterbrechen, weil Sie etwas holen müssen. Lagern Sie Ihr Zubehör in einem Eimer oder in einem Plastikkorb mit Griff, damit Sie alles schnell zur Hand haben. In der Liste rechts finden Sie mein wichtigstes Putzzubehör.

- ☐ Mikrofasertücher
- ☐ Schwämme
- ☐ Feuchttücher
- ☐ Staubwedel
- ☐ Fusselroller
- ☐ Zahnbürste
- ☐ Scheuerbürste
- ☐ Fugenbürste
- ☐ Handschuhe
- ☐ Müllbeutel
- ☐ Putzmittel

002 WISCH UND WEG

Zum Abwischen und Reinigen verschiedener Oberflächen benötigen Sie unterschiedliche Utensilien.

MIKROFASERTÜCHER Diese weichen Allzwecktücher sorgen für hygienische Sauberkeit. Sie bestehen aus Millionen feinster Fasern, die Dreck und Bakterien aufnehmen. Sogar trocken oder nur leicht feucht entfernen sie Schmutz und Staub besser als Papier- oder Baumwolltücher. Da sie den Schmutz in sich aufnehmen, sollte man sie nach dem Putzen in der Waschmaschine waschen. Im Trockner keine Trocknertücher verwenden: Dadurch verklumpen die Fasern und nehmen so weniger Schmutz auf.

SCHWAMM Der klassische Schwamm saugt Flüssigkeiten auf und reinigt Geschirr und Arbeitsflächen. Am besten sind weiche Schwämme, die die Oberflächen nicht zerkratzen. Reinigen Sie den Schwamm nach jedem Einsatz im Geschirrspüler oder legen Sie den ausgedrückten Schwamm für zwei Minuten in die Mikrowelle, um Keime abzutöten.

FEUCHTTÜCHER Auch wenn mir Müllvermeidung und Recycling am Herzen liegen, sind Wegwerfprodukte, wie etwa Feuchttücher, manchmal einfach sehr praktisch – zum Beispiel für unterwegs oder zum schnellen Entfernen von Haustierschmutz. Wischen Sie den Dreck einfach auf und werfen Sie das Tuch in den Müll.

STAUBWEDEL Mit einem Staubwedel aus Mikrofasern oder mit Federn an einem ausziehbaren Stiel erreichen Sie auch hohe Regale, Deckenventilatoren oder Bereiche unter dem Bett.

003 FUSSEL ADE

Der Fusselroller ist ein Allzweckgerät, das oft unterschätzt wird. Er hält nicht nur Kleidung fusselfrei, sondern auch Lampenschirme, Vorhänge, Möbel, Autositze, Teppiche und das Innere von Handtaschen. Wenn Sie Haustiere haben, ist er außerdem unverzichtbar zum Entfernen von Tierhaaren.

004 HÄNDE SCHÜTZEN

Schon Großmutter wusste, dass Putzhandschuhe nicht nur Hände und Nägel schützen, sondern im seifigen Wasser auch für besseren Halt sorgen. Verwenden Sie ein zweites Paar in einer anderen Farbe zum Reinigen der Toilette.

005 BESTE BÜRSTEN

Meine drei Lieblingsbürsten zum Putzen sind die Zahnbürste, die Scheuerbürste und die Fugenbürste. Jede hat ihre Vorteile und kann unterschiedlich eingesetzt werden.

ZAHNBÜRSTE Praktisch für schmutzige Bereiche im Badezimmer und in der Küche. So entfernen Sie kleine Flecken punktgenau.

SCHEUERBÜRSTE Eine Holzbürste mit stabilen Borsten ist ein altbewährtes Utensil, das vielseitig eingesetzt werden kann – von Töpfen und Pfannen bis hin zu Gartenmöbeln. Reinigen Sie die Bürste unter warmem Seifenwasser und entfernen Sie hartnäckigen Schmutz mit einer alten Zahnbürste. Die Bürste mit den Borsten nach unten an der Luft trocknen lassen, damit das Wasser abfließen kann und kein Schimmel auf dem Holz entsteht.

FUGENBÜRSTE Hartnäckige Flecken und Schmutz in den Fugen entfernt man am besten mit einer speziellen Fugenbürste. Die stabilen, v-förmigen Borsten gelangen gut zwischen die Fliesen – so lassen sich Fugen gründlicher reinigen als mit anderen Arten von Bürsten.

006 MÜLL EINTÜTEN

In Ihr Putzset gehören auch große und kleine Müllbeutel, um Müll sofort wegpacken zu können. So müssen Sie Ihre Arbeit nicht immer wieder unterbrechen, um neue Beutel zu holen.

Frühjahrsputz-KISTE

Die Bloggerin Nikki Boyd empfiehlt für den alljährlichen Frühjahrsputz ein nützliches Hilfsmittel. Sie können damit Ihre bestehende Putzroutine noch effizienter gestalten oder einen ganz neuen Reinigungsplan erstellen. Machen Sie aus dem Putzen ein Spiel für die ganze Familie!

NIKKI BOYD, *AT HOME WITH NIKKI*

Ich verwende die Frühjahrs-putz-Kiste schon seit Jahren für mein alljährliches Großreinemachen. Damit wird der Frühjahrsputz zu einem übersichtlichen Ablauf und ich muss nicht jedes Jahr einen neuen Plan erstellen. Wenn ich mein Zuhause umgestalte, kann ich Karten hinzufügen, entfernen oder ändern.

UND SO FUNKTIONIERT'S Die Kiste enthält Karteikarten, auf denen alle Arbeiten stehen, die jedes Jahr gemacht werden müssen. Jeder Raum bildet eine eigene Kategorie und jede Aufgabe für diesen Raum steht auf einer eigenen Karte.

Ich bewahre die Kiste auf einem Tisch im Eingangs-bereich auf und im Frühjahrsputz-Monat nimmt sich jedes Familienmitglied jeden Tag einige Karten heraus. Die Aufgaben darauf werden dann im Laufe des Tages erledigt und die dazugehörigen Karten in die Kategorie »Fertig« einsortiert. Wenn dieser Bereich in der Kiste immer voller und die Fächer mit den Aufgabenkarten immer leerer werden, sieht man, wie viel man schon erledigt hat!

BASTELN Für die Karten verwende ich ganz nor-malen Karton. Auf jede Karte schreibe ich die genaue Aufgabe. Dann werden die Karten laminiert, damit sie länger halten. Wenn Sie kleine Kinder haben, können Sie zusätzlich Karten für kinderfreundliche Aufgaben in einer anderen Farbe machen. Als Kiste eignet sich eine Rezeptebox, ein Karteikasten oder ein anderes passendes Behältnis.

Wenn alle Karten fertig und in der Kiste sind, fehlt nur noch die Beteiligung Ihrer Familie. Um der Arbeit ein spielerisches Element zu verleihen, können Sie den fleißigsten Helfer mit einem Preis belohnen oder der ganzen Familie eine besondere Freude machen.

Die Frühjahrsputz-Kiste macht Routine zu einem Wettbewerb und das Saubermachen zur Teamarbeit. In meiner Familie hat das gemeinsame Putzen schon Tradition. Wenn die Kiste auftaucht, weiß jeder, dass es Zeit für den Frühjahrsputz ist.

Nikki Boyd schreibt über Organisation und Dekoration im Haushalt. Ihre Tipps finden Sie unter www.athomewithnikki.com.

Spring Cleaning

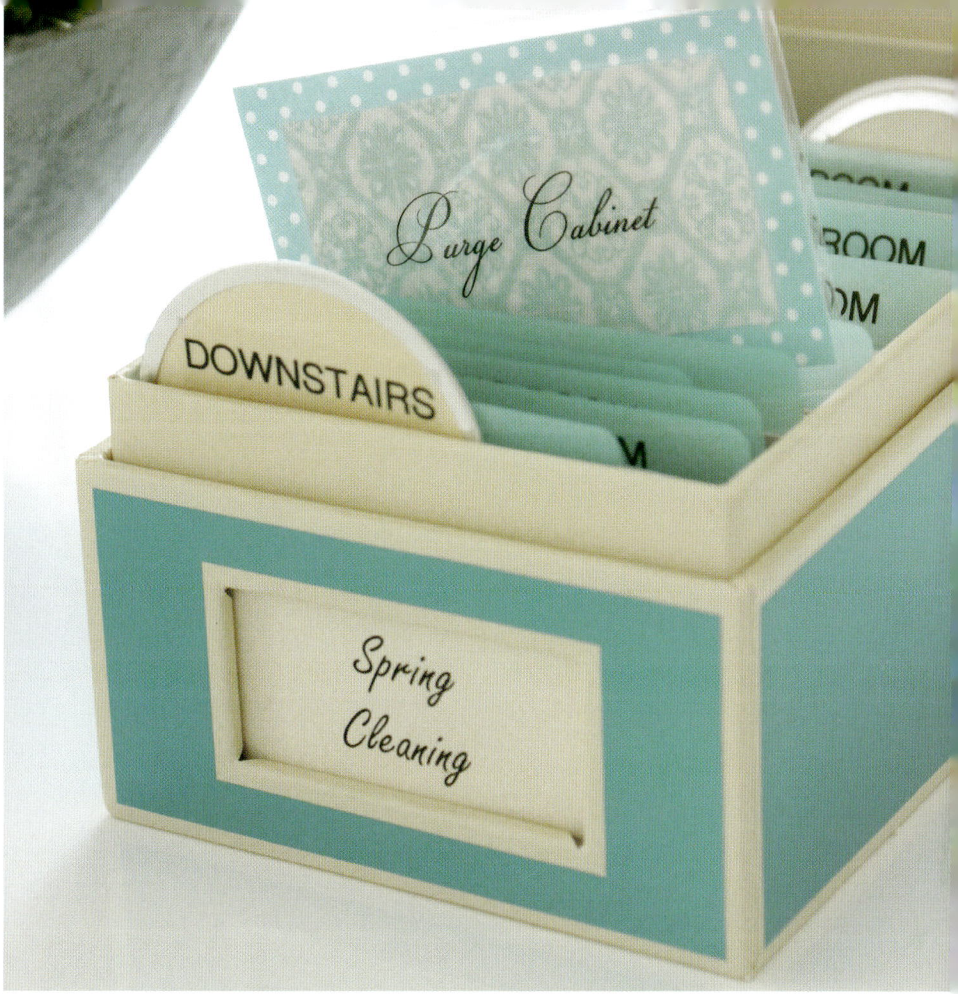

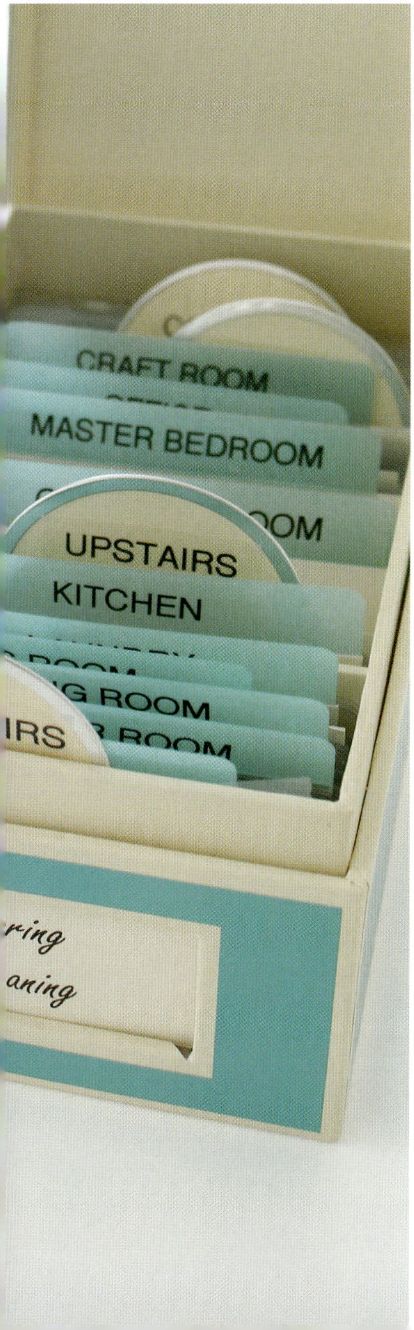

Purge Cabinet

DOWNSTAIRS

CRAFT ROOM
MASTER BEDROOM
UPSTAIRS
KITCHEN
IRS

Wash Windows

Purge Cabinet

008
SELBER ANMISCHEN

Die Zutaten von Nr. 007 (und noch einige andere) können auf verschiedene Arten kombiniert werden, sodass Sie von Möbelpolitur über Glasreiniger bis hin zum Desinfektionsmittel alles selbst herstellen können. Diese Hausmittel sind preiswert und man kann sie in größeren Mengen kaufen, sodass Sie Geld sparen und seltener einkaufen gehen müssen. Meine Lieblingsrezepte finden Sie in den dazugehörigen Kapiteln und in der Rezeptsammlung am Ende des Buchs.

007
HAUSMITTEL

Selbstgemachte natürliche Putzmittel machen sauber und riechen gut. Vor allem aber sind sie ungiftig und schonen Ihr Zuhause und die Umwelt. Vermeiden Sie schädliche Chemikalien und greifen Sie lieber in Ihren Vorratsschrank. Er ist eine wahre Schatzkiste voller umweltfreundlicher Zutaten zum Herstellen selbstgemachter Putzmittel.

NATRON Dieses natürliche Salz reinigt nicht nur, sondern beseitigt auch Gerüche. Man kann es auch als mildes Scheuerpulver verwenden.

BRANNTWEINESSIG Essig riecht zwar intensiv, ist aber ein perfektes Reinigungsmittel. Für einen angenehmeren Duft können Sie einige Tropfen ätherisches Öl hinzugeben – ich mag am liebsten Zitronen- oder Nelkenöl.

ZITRONENSAFT Zitronensaft ist ein richtiges Wundermittel, um Gerüche und Flecken zu entfernen – und er verleiht duftende Frische!

SALZ Günstig, vielseitig einsetzbar und in jedem Haushalt zu finden: Salz. ¼ Tasse Salz und heißes Wasser in eine angebrannte Pfanne geben, einwirken lassen und scheuern.

KASTILIEN-FLÜSSIGSEIFE Diese Allzweckseife auf der Basis von Olivenöl wurde schon vor hunderten Jahren in der spanischen Region Kastilien hergestellt. Sie gilt heute noch als eines der besten und beliebtesten natürlichen Reinigungsmittel. Ich mag am liebsten Kastilienseife mit Mandelduft.

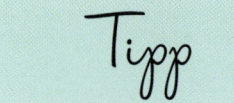

GUT GESTREUT

Füllen Sie Natron in einen sauberen Käsestreuer oder in ein Glas, in dessen Deckel Sie Löcher stanzen. Fertig ist der praktische Natronstreuer!

009
SELBSTGEMACHTE REINIGUNGSMITTEL

Viele Zutaten aus der Speisekammer können zu natürlichen, ungiftigen Putzmitteln für das ganze Haus kombiniert werden. Nehmen Sie sich Zeit, um nach diesen Rezepten Ihre eigenen Putzmittel herzustellen – so sind Sie für jeden Schmutz gewappnet!

ALLZWECKREINIGER 2 TL Borax, ¼ TL Kastilien-Flüssigseife, 10 Tropfen Zitronenöl

Alle Zutaten mit heißem Wasser in einer 500-ml-Sprühflasche vermischen.

ALLZWECK-BODENREINIGER 1 TL Kastilien-Mandelseife, ¼ Tasse Branntweinessig, 10 Tropfen Orangenöl, 10 Tropfen Nelkenöl

Alle Zutaten mit heißem Wasser in einer 750-ml-Sprühflasche vermischen.

DESINFEKTIONSMITTEL 2 EL Kastilien-Flüssigseife, 20 Tropfen Teebaumöl

Seife und Öl mit heißem Wasser in einer 500-ml-Sprühflasche vermischen.

GLASREINIGER

¼ Tasse Branntweinessig, 5 Tropfen Zitronenöl

Essig und Öl mit heißem Wasser in einer 500-ml-Sprühflasche vermischen.

MILDER ESSIGREINIGER

1 Teil Branntweinessig, 2 Teile Wasser, 5 Tropfen Lavendelöl

Essig und Wasser in einer 500-ml-Sprühflasche vermischen – und nach Wunsch fünf Tropfen ätherisches Öl hinzugeben. Ich mag Lavendel-, Grapefruit-, Orangen-, Zitronen- oder Pfefferminzöl.

010

UND LOS GEHT'S

Putzen macht nicht immer Spaß. Aber mit einem Plan und etwas Motivation geht es gleich viel leichter von der Hand. Stellen Sie sich schon vor dem Putzen vor, wie Ihr Zuhause danach aussehen wird. Das ist doch ein schönes Gefühl, oder? Denken Sie nicht daran, wie lange das Abstauben der Jalousien dauern wird: Putzklamotten anziehen, Musik aufdrehen und einfach loslegen!

011

SAUBERKEIT IM GANZEN HAUS

In den nächsten Kapiteln widmen wir uns der Reinigung jedes einzelnen Raums und seinen individuellen Anforderungen. Einige Bereiche gibt es aber in fast jedem Raum: etwa Fenster, Sichtschutz, Böden oder Türen. Auf den folgenden Seiten finden Sie Tipps dazu, wie man diese Bereiche am einfachsten und effizientesten saubermacht.

012

DER VOLLE DURCHBLICK

Wann haben Sie zum letzten Mal die Fenster geputzt? Letzte Woche? Letzten Monat? Letztes Jahr? Alle Fenster sollten zweimal im Jahr gereinigt werden. Mit einem Plan und den richtigen Hilfsmitteln wird diese Aufgabe zum Kinderspiel. Die Außenflächen nimmt man sich am besten als Wochenendprojekt vor, die Innenflächen können Sie nach Raum oder nach Anzahl auf mehrere Tage aufteilen. Wenn Sie erst einmal angefangen haben, machen Sie vielleicht ohnehin mehr als geplant. Putzen Sie am besten, wenn die Sonne nicht direkt auf das Fenster fällt: Die Wärme trocknet das Putzwasser schneller, sodass Streifen entstehen. So machen Sie es richtig:

SCHRITT EINS Glasreiniger (siehe Nr. 009) auf die Scheibe sprühen. Der Essig löst den schmierigen Film auf dem Glas, wodurch Streifenbildung vermindert wird.

SCHRITT ZWEI Mit einem trockenen Mikrofasertuch von oben nach unten nachwischen. (Das Tuch muss fusselfrei sein, daher ist Mikrofaser die

beste Wahl.) Auf der meist weniger verschmutzten Innenseite sorgt ein Mikrofasertuch für schnelle, blitzblanke Sauberkeit.

SCHRITT DREI Professionelle Fensterputzer schwören auf einen Abzieher als schnellstes und praktischstes Hilfsmittel, besonders für die schmutzigere Außenseite. Denken Sie nur daran, wie effektiv die Scheibenwischer beim Auto sind! Bei kleineren Flächen von oben nach unten, bei größeren horizontal und von oben nach unten abziehen. Zwischendurch den Abzieher mit einem Lappen von Staub und Wasser befreien. Mit einem Mikrofasertuch nachwischen. Das Tuch um den Zeigefinger wickeln und die Ecken säubern. Schließlich den Fensterrahmen trockenwischen.

013

FENSTER UND SPIEGEL PUTZEN

Sprühen Sie Fenster und Spiegel mit Glasreiniger (siehe Nr. 009) ein und wischen Sie sie mit einem fusselfreien Mikrofasertuch sauber. Früher wurde oft Zeitungspapier zum Trockenwischen empfohlen, davon wird mittlerweile aber abgeraten. Die heute verwendeten Papiere und Farben hinterlassen Schlieren, die dann wiederum entfernt werden müssen.

014

NEUE FRISCHE FÜR SICHT- UND LICHTSCHUTZ

Im Laufe der Zeit sammeln sich an Vorhängen und anderem Sichtschutz unauffällig Staub und Dreck an. Saugen Sie Ihre Fensterdekorationen daher regelmäßig und beidseitig mit dem Staubpinsel-Aufsatz des Staubsaugers ab und entfernen Sie gegebenenfalls Flecken. Ein- bis zweimal im Jahr (je nach Verschmutzungsgrad) sollten Vorhänge im Freien ausgeschüttelt werden. Anschließend nach Bedarf waschen oder professionell reinigen lassen.

015

JALOUSIEN UND FENSTERLÄDEN REINIGEN

Jalousien und Fensterläden sind eher aufwendig zu reinigen, weshalb sie gern vernachlässigt werden. Machen Sie sie dennoch einmal im Monat gründlich sauber.

FLECKEN WEG Entfernen Sie Schmutz und Flecken mit Allzweckreiniger (siehe Nr. 009) und einem Mikrofasertuch oder einer speziellen Jalousienbürste.

MONATLICH ABSAUGEN Saugen Sie Jalousien oder Fensterläden mit dem Staubpinsel-Aufsatz des Staubsaugers auf niedrigster Stufe ab. Fahren Sie mit der Bürste waagerecht die Lamellen entlang (nicht auf und ab). Beginnen Sie oben und arbeiten Sie sich nach unten vor. Drehen Sie die Lamellen dann um und saugen Sie auch die Rückseiten ab.

GRÜNDLICHE REINIGUNG Wenn die Lamellen schmierig sind (besonders in der Küche lagern sich oft Dunst und Fett ab), ist eine gründliche Reinigung vonnöten. Wenn die Jalousien abnehmbar sind, ziehen Sie sie ganz nach oben und nehmen Sie sie aus der Halterung. Weichen Sie sie in der Badewanne kurz ein und säubern Sie sie mit einem weichen Schwamm. Die Jalousien gut abspülen und dann auf ausgelegten Handtüchern komplett trocknen lassen, bevor Sie sie wieder aufhängen.

016

SAUBERE ROLLOS

Ob Wabenrollo, Raffrollo oder Plissee – sie alle müssen regelmäßig gereinigt werden. Das ist einfacher, als Sie denken: Entfernen Sie regelmäßig Staub und Schmutz, dann erfolgt die Reinigung schnell und mühelos.

ABSAUGEN Lassen Sie die Rollos ganz herunter und saugen Sie beide Seiten mit dem Staubpinsel-Aufsatz des Staubsaugers auf der niedrigsten Stufe von oben nach unten ab. Geben Sie ein dünnes Stück Stoff, etwa ein Mulltuch oder einen Nylonstrumpf, über die Düse, damit das Rollo nicht eingesaugt und beschädigt wird.

FLECKEN WEG Bevor Sie Flecken auf dem Rollo entfernen, testen Sie den

Stoff an einer unauffälligen Stelle. Befeuchten Sie die Stelle (nicht zu nass machen) und reiben Sie den Fleck vorsichtig mit einer Mischung aus Spülmittel und Wasser weg. Seifenreste mit einem feuchten Tuch entfernen.

AUSLÜFTEN Nehmen Sie die Rollos gelegentlich ab und hängen Sie sie zum Auslüften nach draußen.

CHEMISCH REINIGEN Empfindliche Stoffe wie Seide oder Wolle sollten professionell gereinigt werden.

017

GEPFLEGTE VORHÄNGE

Der Staubpinsel-Aufsatz des Staubsaugers eignet sich nicht nur für harte Materialien oder Jalousien, sondern auch für Vorhänge. Mit dieser einfachen Anleitung halten Sie Ihre Vorhänge mühelos sauber.

SCHRITT EINS Oben anfangen. Zuerst Querbehänge und Rollladenkästen oben und an den Seiten von angesammeltem Staub befreien.

SCHRITT ZWEI Beim Saugen von Stoff immer die niedrigste Saugstufe einstellen, um den Stoff nicht zu beschädigen.

SCHRITT DREI Die Unterseite: Dort, wo der Vorhang den Boden berührt, sammelt sich besonders viel Staub.

SCHRITT VIER Am Stoff riechen. Vorhänge nehmen Gerüche auf, sodass sie manchmal zwar sauber aussehen, aber dennoch eine gründlichere Reinigung benötigen.

Tipp

PROFESSIONELLE REINIGUNG

Bei gekauften Vorhänge finden Sie Pflegehinweise auf dem Waschetikett. Gibt es kein Etikett oder wurden die Vorhänge maßgefertigt, empfiehlt sich eine professionelle Reinigung, vor allem bei empfindlichen Stoffen wie Seide oder Wolle. Bei gefütterten Vorhängen kann das Futter beim Waschen einlaufen. Eine chemische Reinigung ist teuer, schont aber dafür den Stoff. Leichte, ungefütterte Vorhänge kann man in der Waschmaschine waschen.

018

TÜREN UND LEISTEN NICHT VERGESSEN

An Türen und auf Fußleisten sammelt sich überraschend schnell Schmutz. Wenn Sie auch diese Bereiche in Ihre Putzroutine aufnehmen, sind sie aber rasch wieder sauber. Ein Staubwedel oder eine kleine Staubdüse für den Staubsauger erleichtern Ihnen die Arbeit. Hartnäckigen Schmutz, besonders in der Küche, schrubben Sie am besten mit Allzweckreiniger (Nr. 009) und einem Mikrofasertuch weg. Eine Zahnbürste hilft, Dreck aus Ecken zu entfernen.

019

HYGIENISCHE LICHTSCHALTER

Lichtschalter kommen mehrmals am Tag mit schmutzigen Fingern in Kontakt. Schon aus diesem Grund sollten sie oft gereinigt werden. Wischen Sie sie mit Allzweckreiniger und einem feuchten Mikrofasertuch ab. Wenn es schnell gehen soll, tun es auch Feuchttücher.

020

WÄNDE UND DECKEN NICHT VERNACHLÄSSIGEN

Beseitigen Sie Spinnweben einmal in der Woche mit einem ausziehbaren Staubwedel. Gründlicher geht es mit dem Staubpinsel-Aufsatz des Staubsaugers. Saugen Sie von der Decke aus nach unten, damit kein Staub von oben auf bereits saubere Flächen fällt. Der Luftstrom von Heizungen und Klimaanlagen verteilt feinen, unsichtbaren Staub auf den Wänden. Reinigen Sie die Wände mindestens einmal im Jahr – bei viel Staub besser alle drei Monate.

Nicht alle Wände sind Staubfänger. Lackfarbe und abwaschbare Tapeten sind leicht zu reinigen. Latexfarbe und Strukturtapeten benötigen eine spezielle Behandlung. Die folgenden Tipps helfen Ihnen dabei, die richtige Pflege für Ihre Wände zu bestimmen.

Tipp

ABWASCHBARE TAPETEN

Abwaschbare Tapeten bestehen aus Kunststoff und können wie eine verputzte Wand gereinigt werden. Etwas Spülmittel in warmes Wasser geben und die Wand damit abwischen. Dann mit einem feuchten Tuch nachreinigen. Das Wasser komplett wegwischen, damit nichts hinter die Leisten läuft.

021

WELCHE WANDFARBE?

Verschiedene Wandfarben sollten unterschiedlich gereinigt werden. Lacke und Farben auf Öl- oder Alkydharzbasis sind robuster und besser abwaschbar als Latexfarben. Darum werden sie gern für Küchen, Badezimmer und Kinderzimmer verwendet. Lack- und Latexfarben gibt es mit verschiedenen Glanzgraden: glänzend, seidenglänzend, seidenmatt, matt und stumpfmatt. Je glänzender die Farbe, desto leichter lassen sich Flecken entfernen. Eine stumpfmatte Farbe nimmt Schmutz besser auf und muss vorsichtig gereinigt werden. Matte Farben werden mit der Zeit glänzender, sind aber immer noch relativ empfindlich.

022
SO BLEIBEN EDLE TAPETEN LANGE SCHÖN

Um die Farbe und das Muster zu schonen, saugen Sie Tapeten am besten regelmäßig mit einem weichen Staubpinsel-Aufsatz ab. Wasser sollte nur gegen Flecken und sichtbaren Schmutz zum Einsatz kommen, da es das Papier und den Leim auflösen kann. Und nicht über das Papier reiben: Tapeten dürfen nur mit ganz wenig Feuchtigkeit und leichtem Druck gereinigt werden. Die folgende Anleitung zeigt Ihnen, wie das geht.

TESTEN Bevor Sie Wasser verwenden, testen Sie an einer unauffälligen Stelle, ob das Wasser über Nacht trocknet, ohne Flecken zu hinterlassen oder das Papier zu verfärben. Besteht die Tapete den Test, wischen Sie mit einem leicht feuchten Schwamm vorsichtig über den Fleck. Bei Bedarf können Sie etwas Seife in das Wasser geben. Lassen Sie das Papier trocknen, bevor Sie erneut über den Fleck wischen. Diese langsame Herangehensweise schützt vor dem Verblassen und Einreißen des feuchten Papiers.

VORSICHT Bei hartnäckigen Flecken hilft eine Paste aus Natron und Wasser (gerade so viel Wasser verwenden, dass eine dicke Paste entsteht). Die Paste auf den Fleck auftragen und einige Minuten einwirken lassen. Ein trockenes Tuch unter den Fleck halten, um Tropfen aufzufangen. Die Paste dann mit einem feuchten Tuch abnehmen. Es kann sein, dass Sie die Paste mehrmals auftragen müssen.

Die Tapete darf dabei aber auf keinen Fall zu nass werden.

HAUSMITTEL Diesen alten Trick hat vielleicht schon Ihre Großmutter angewendet: Rollen Sie ein Stück Weiß- oder Roggenbrot zu einer Kugel und »radieren« Sie den Fleck damit weg. Nicht reiben, sondern die Kugel nur auf den Fleck drücken: Das Gluten im Brot bindet den Schmutz.

023
NEUER GLANZ FÜR HOLZPANEELE

Die meisten Holzverkleidungen sind versiegelt, müssen aber dennoch regelmäßig abgestaubt werden – mit dem Staubsauger, einem Staubwedel oder einem Mikrofasertuch. Holz in Zimmern, die viel genutzt werden, etwa im Wohnzimmer oder in der Küche, muss alle paar Monate gründlich gereinigt werden. Und so geht's:

SCHRITT EINS Eine 750-ml-Sprühflasche mit warmem Wasser füllen und 1 TL mildes Spülmittel dazugeben. Das Holz einsprühen und mit einem feuchten Mikrofasertuch abwischen.

SCHRITT ZWEI ½ Tasse Essig in ca. 4 Liter Wasser geben. Ein Mikrofasertuch damit befeuchten und gut auswringen. Mit dem Tuch die Seifenreste vom Holz entfernen.

SCHRITT DREI Das Holz mit einem sauberen Mikrofasertuch trockenwischen.

SCHRITT VIER Etwas Jojobaöl auf ein Mikrofasertuch geben und das Holz damit polieren.

024
UNBEHANDELTES UND GEÖLTES HOLZ

Flächen aus unbehandeltem Holz nicht mit Wasser reinigen. Es genügt, wenn Sie sie regelmäßig abstauben oder absaugen.

Gewachstes oder geöltes Holz braucht spezielle Pflege. Wichtig ist regelmäßiges Saugen oder Abstauben. Wischen Sie das Holz hin und wieder mit einem weichen Tuch und warmem Wasser ab. Das Tuch dabei fast trocken wringen und oft wechseln. Das Holz anschließend sofort mit einem Handtuch trockenwischen und dann immer das gleiche Öl oder Wachs auftragen.

025
FLECKEN AN DEN WÄNDEN

Wände, Kinder und Malstifte passen nicht immer zusammen, auch wenn die Kritzeleien einen gewissen Charme haben. Aber auch andere Flecken finden sich oft an Wänden: Fett, dunkle Striemen, Ruß, Essensreste und Schimmel. Mit den folgenden Tipps werden Sie all diese Flecken los – und Ihre Wände sehen wieder wie neu aus. In der Tabelle finden Sie verschiedene Methoden, testen Sie die entsprechende Methode immer zuerst an einer unauffälligen Stelle an der Wand.

FLECK	FLÄCHE	METHODE
Malstift	Wandfarbe*	Weiße Zahncreme (kein Gel) auf den Fleck tupfen. Kurz einwirken lassen. Mit einem feuchten Tuch abwischen. Trocknen lassen.
	nicht abwaschbare Tapete	Den Fleck mit einem Knetradierer entfernen.
Bleistift oder Kugelschreiber	Wandfarbe*	Natron und etwas Wasser zu einer dicken Paste vermischen. Diese auf ein Mikrofasertuch geben und den Fleck damit wegwischen. Die Paste komplett entfernen, nachwischen und dann trocknen lassen.
	nicht abwaschbare Tapete	Den Fleck mit einem Knetradierer entfernen.
dunkle Flecken	Wandfarbe*	Weiße Zahncreme (kein Gel) auf den Fleck tupfen. Kurz einwirken lassen. Mit einem feuchten Tuch abwischen. Trocknen lassen.
Fingerabdrücke	abwaschbare oder nicht abwaschbare Tapete	Ein Stück Brot zu einer Kugel formen und damit oder mit einem Knetradierer über den Fleck rollen.
Fettflecken	abwaschbare Tapete	Talkumpuder oder Maisstärke mit etwas Wasser zu einer Paste vermischen. Mit einem Mikrofasertuch auftragen und zehn Minuten einwirken lassen. Mit (etwas) Wasser entfernen. Trockentupfen.
	nicht abwaschbare Tapete	Eine dicke Papiertüte oder einige Papierhandtücher auf den Fleck legen und kurz das Bügeleisen auf niedriger Hitze daraufdrücken. Das Papier sollte das Fett aufnehmen.

*Funktioniert bei glänzender Lackfarbe. Bei Latexfarbe oder stumpfmatter, matter oder seidenmatter Lackfarbe vorher testen.

026
ZIEGELWÄNDE REINIGEN

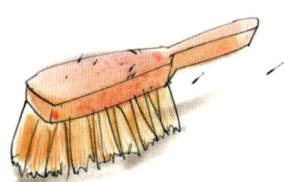

Man sieht es ihnen oft nicht an, aber unverputzte Ziegelwände werden genauso schmutzig wie andere Wände. Ziegel haben Poren, in denen sich mit der Zeit Ruß, Staub und Schmutz sammeln. Reinigen Sie Ziegelwände mit einem Mikrofasertuch oder mit dem Staubpinsel-Aufsatz des Staubsaugers.

SCHRITT EINS Einen Teil Salz und einen Teil mildes Spülmittel oder Kastilienseife mit etwas Wasser vermischen, bis eine Paste entsteht.

SCHRITT ZWEI Die Paste auf die Wand auftragen. Am leichtesten geht das mit den Händen. Die Paste anschließend mit einer Scheuerbürste einarbeiten und zehn Minuten einwirken lassen.

SCHRITT DREI Die Paste mit einem sauberen, nassen Schwamm entfernen. Den Schwamm dabei immer wieder in einem Eimer mit Wasser auswaschen. Falls die Paste an den Ziegeln haften bleibt, können Sie sie mit einer sauberen Scheuerbürste entfernen.

027
EINLADENDE EINGANGSTÜR

Außentüren sollten zu jeder Jahreszeit gereinigt werden, denn sie sind der Zugang zu Ihrem Zuhause und sollten einen sauberen ersten Eindruck hinterlassen. Sie müssen aber auch viel aushalten, denn sie sind dem Wetter und schmutzigen Händen ausgesetzt. Die folgenden Tipps helfen Ihnen, Türen aus unterschiedlichen Materialien richtig zu reinigen.

HOLZ Reinigen Sie Tür und Türrahmen mit einem Mikrofasertuch und einer Mischung aus Wasser und Kastilienseife. Fangen Sie oben an und reiben Sie Schmutz und Flecken mit dem Tuch weg. Achten Sie dabei darauf, die Lackierung nicht zu zerkratzen.

GLAS Auf Schiebetüren aus Glas fallen Flecken und Fingerabdrücke besonders auf – sie sind aber mit Glasreiniger (siehe Nr. 009) leicht zu entfernen. In der Laufschiene sammeln sich oft Schmutz und tote Insekten, was mit der Zeit den Mechanismus der Schiebetür behindert. Reinigen Sie daher bei jedem Staubsaugen auch die Laufschiene mit der Fugendüse des Staubsaugers. Hartnäckiger Dreck lässt sich mit einer Zahnbürste entfernen. Glas- und Metallrahmen werden zweimal im Jahr zusammen mit den Fenstern geputzt.

GLASFASER ODER LACKIERTER STAHL Türen aus Glasfaser oder Stahl mit einem weichen Tuch und mildem Seifenwasser abwischen.

028
DUSCHE FÜR DEN MÜLLEIMER

Egal, wie sorgfältig Sie die Müllbeutel in den Eimer hängen, irgendwas geht immer daneben. Machen Sie den Mülleimer daher regelmäßig sauber, damit sich am Boden kein Dreck sammelt. Ziehen Sie Handschuhe an und reinigen Sie den Behälter im Freien oder der Dusche. Putzen Sie ihn gründlich mit heißem Seifenwasser und einer Scheuerbürste. Dann ausspülen und trocknen lassen – am besten im Freien, da Sonnenlicht desinfizierend wirkt. Sprühen Sie bei Bedarf zusätzlich etwas Desinfektionsmittel (siehe Nr. 009) in den sauberen Mülleimer.

029
TÜRGRIFFPFLEGE

Auf Türgriffen sammeln sich oft Krankheitserreger, daher sollten sie monatlich gereinigt werden. In den Wintermonaten (während der Erkältungszeit) empfiehlt es sich, die Griffe wöchentlich zu desinfizieren. Sprühen Sie Desinfektionsmittel (siehe Nr. 009) auf ein Mikrofasertuch und reiben Sie jeden Türgriff gründlich damit ab.

KUPFER, MESSING UND BRONZE Griffe aus diesen Materialien laufen mit der Zeit an, daher brauchen sie spezielle Pflege. Wenn Sie (wie ich) gern antike Dinge mögen, können Sie die Patina auch belassen. So oder so sollten die Griffe regelmäßig von Schmutz befreit werden. Befeuchten Sie dazu ein Tuch mit Desinfektionsmittel und wischen Sie den Griff gründlich ab. Mit einem trockenen Mikrofasertuch nachpolieren und dabei darauf achten, dass keine Rückstände von Feuchtigkeit oder Putzmittel auf dem Griff verbleiben. Um Kupfer oder Messing zu polieren, 2 EL Salz mit etwas Zitronensaft vermischen, bis eine dicke Paste entsteht. Die Paste auftragen und 30 Minuten einwirken lassen. Ein Tuch mit Seifenwasser befeuchten und die Paste abwischen. Mit einem sauberen Tuch trockenwischen. Bronze wird in gleicher Weise gereinigt, aber in die Paste kommen statt Salz 2 EL Natron.

NEUER GLANZ Neue Metallteile sind oft lackiert, damit der Glanz erhalten bleibt. Verwenden Sie nach dem Reinigen daher keine Polierpaste, um den Schutzlack nicht zu beschädigen. (Außer der Griff ist angelaufen – dann ist er nämlich unlackiert.)

NICKEL, CHROM, EDELSTAHL UND GEÖLTE BRONZE Türgriffe gibt es in vielen verschiedenen Lackierungen, poliert oder gebürstet (matt). Das natürliche Desinfektionsmittel (siehe Nr. 009) sollte für alle diese Oberflächen geeignet sein. Fragen Sie im Zweifelsfall aber lieber beim Hersteller nach.

KRISTALL UND GLAS Kristall sollte nur mit warmem Seifenwasser und einem weichen Tuch gereinigt werden. Danach die Griffe sofort mit einem Baumwollhandtuch abtrocknen, damit keine Wasserflecken zurückbleiben.

030
VON GRUND AUF SAUBER

Ich liebe es, einen Raum mit einem gepflegten, glänzenden Boden zu betreten! Werden die Böden täglich gereinigt, wirkt das ganze Haus gleich viel sauberer. Darum lohnt es sich, jeden Tag ein paar Minuten in die Böden zu investieren. Sie müssen sie nicht wischen, saugen Sie einfach die wichtigsten Bereiche – der Staubsauger entfernt mehr Schmutz als ein Mopp! – und entfernen Sie Flecken immer sofort mit einem feuchten Mikrofasertuch, damit sie nicht antrocknen. Diese tägliche schnelle Reinigung entfernt Dreck, Zweige, kleine Steine und anderes Material, das von draußen hereingetragen wird und den Boden zerkratzen kann. Das Wichtigste ganz kurz:

SCHNELL HANDELN Wenn Sie sich um Verschüttetes sofort kümmern, entstehen keine Flecken. Mit einem feuchten Tuch aufwischen und mit einem zweiten Tuch nachtrocknen. Achten Sie dabei darauf, den Boden nicht zu beschädigen.

VORSICHT MIT WASSER Zu viel Wasser schadet fast allen Böden.

Wischen Sie gründlich, aber sanft und saugen Sie den Boden immer vor dem Wischen, damit keine harten Partikel den Belag zerkratzen.

SCHUHE AUSZIEHEN Bodenschmutz kann reduziert werden, indem im Wohnbereich die Schuhe ausgezogen werden. Der meiste Dreck am Boden fällt nämlich von den Schuhsohlen ab. Wenn Sie aus gesundheitlichen Gründen Schuhe tragen müssen, nehmen Sie ein sauberes Paar für drinnen oder tragen Sie Hausschuhe.

031
SPRÜHMOPP

Optimieren Sie die Bodenreinigung: Raus mit Ihrem alten, verkeimten Wischmopp! Gönnen Sie sich einen Sprühmopp – er spart Zeit und Geld und ist viel hygienischer.

Am besten ist ein Sprühmopp, der das Reinigungsmittel vor dem flachen Mikrofaserpad auf den Boden sprüht. Die Mikrofaserpads können in der Waschmaschine gewaschen werden (ohne Chlor oder Weichspüler). Selbst Wegwerfpads kann man waschen und mehrmals benutzen. Endlich keinen alten, unhygienischen Baumwollmop mehr auswringen! Kaufen Sie keinen Mopp oder Wischer, der nur mit Wegwerfpads derselben Marke verwendet werden kann. Diese Pads sind oft mit giftigen Chemikalien behandelt.

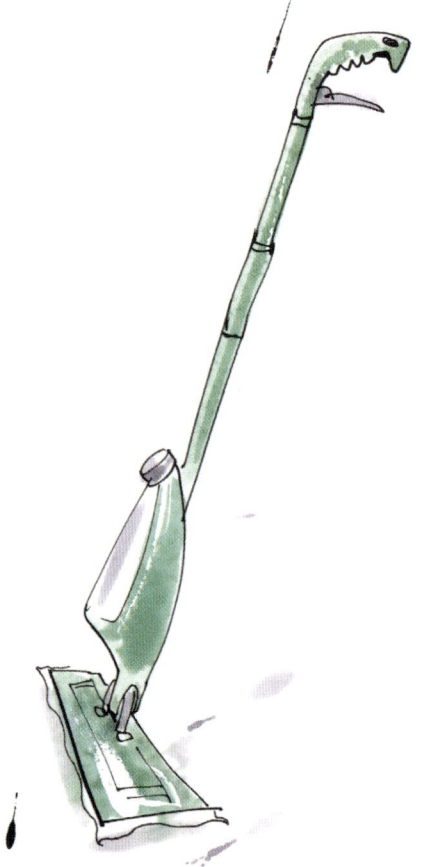

Tipp

KEINE TEUREN FEHLER MACHEN

Viele Bodenbeläge können auf die gleiche Weise gereinigt werden. Aber eine falsche Methode kann schlimme Folgen haben. Bevor Sie gründlich saubermachen, sollten Sie das Material Ihrer Böden kennen. Der falsche Reiniger hinterlässt auf manchen Belägen, etwa auf Hartholz, unschöne Schlieren. Durch zu viel Wasser kann sich das Holz verziehen. Schrubbt man Laminat, Bambus oder Holz zu stark, entstehen Kratzer oder der Schutzlack löst sich ab. Beton und manche Steine und Fliesen haben Poren und absorbieren scharfe Reiniger, was zu bleibenden Flecken oder Farbveränderungen führen kann.

032 FÜR JEDEN BODEN DIE RICHTIGE PFLEGE

Im Hinblick auf die beste Bodenpflege gibt es unterschiedliche Meinungen, aber für mich haben sich selbstgemachte natürliche Putzmittel bewährt. Sie sind gesünder für meine Familie, sanfter zu den Böden, preiswert und schonender für die Umwelt. Ich habe mir schon mehrere Mittel für den Sprühmopp angemischt, die ich im ganzen Haus verwende. Verschwenden Sie kein Geld für teure Bodenpflege! Wenn Sie nicht wissen, ob ein Reiniger für Ihren Boden geeignet ist, fragen Sie beim Hersteller nach oder testen Sie ihn an einer kleinen Stelle. Und wählen Sie Ihren Lieblingsduft – in Form eines ätherischen Öls.

ALLZWECK-BODENPFLEGE

1 TL Mandel-Kastilienseife, ¼ Tasse Branntweinessig, 10 Tropfen Orangenöl, 10 Tropfen Nelkenöl

Alle Zutaten in einer 750-ml-Sprühflasche mit heißem Wasser vermischen.

HARTHOLZ-BODENPFLEGE

1 TL Mandel-Kastilienseife und 10 Tropfen Zitronenöl

Alle Zutaten mit heißem Wasser in einer 750-ml-Sprühflasche vermischen. Sparsam verwenden, um das Holz zu schonen. Nicht für unbehandeltes Holz geeignet!

LAMINAT-BODENPFLEGE

¾ Tasse Branntweinessig, ¾ Tasse Reinigungsalkohol, 10 Tropfen Pfefferminzöl

Alle Zutaten mit einer ¾ Tasse heißem Wasser in einer 750-ml-Sprühflasche vermischen. Sparsam verwenden, damit sich das Holz nicht verzieht.

FLIESEN-BODENPFLEGE

¼ Tasse Branntweinessig und 15 Tropfen Orangenöl in einer 750-ml-Sprühflasche mit heißem Wasser vermischen.

VINYL-BODENPFLEGE

¼ Tasse Branntweinessig, 3 EL Borax, 10 Tropfen Zitronenöl und 10 Tropfen Lavendelöl in einer 750-ml-Sprühflasche mit heißem Wasser vermischen.

033
UMGANG MIT HARTHOLZ

Die meisten Hartholzböden sind mit Urethan versiegelt. Wenn man Wert auf historische Echtheit legt, lässt man Kiefernkernholz und andere alte Hölzer, die eine Patina haben, unversiegelt. Eine Urethanschicht aufdem Holz, aber auch die richtige Art der Reinigung verlängert die Zeit bis zur nächsten Versiegelung. Polyurethan (PU) bildet eine relativ pflegeleichte und robuste Kunststoffversiegelung, aber viele Produkte greifen den Belag an. Meiden Sie Ölseifen, Acrylwachs, andere feste oder flüssige Wachse, Essig und Ammoniak. Den Boden nicht scheuern. Auch Dampfreiniger können die Versiegelung und das darunterliegende Holz beschädigen.

TÄGLICH REINIGEN Für die tägliche Reinigung genügt ein Mikrofaser-Mopp oder der Staubsauger. Der Mopp kann leicht feucht sein, wenn Sie den Boden nach dem Wischen sofort trocken nachwischen.

VERSIEGELTE BÖDEN Um versiegelte Böden gründlich zu reinigen, füllen Sie Hartholz-Bodenpflege (siehe Nr. 032) in eine Sprühflasche und sprühen Sie eine ein mal ein Meter große Fläche damit ein. Wischen Sie entlang der Maserung (den Brettern entlang), um Streifenbildung zu vermeiden. Dann kommt der nächste Bereich dran.

GEÖLTES HOLZ Hier ist regelmäßige Reinigung besonders wichtig: Das Öl sickert in das Holz und schützt es vor dem Austrocknen, aber auch Schmutz kann in das Holz eindringen. Darum den Boden häufig saugen und einmal in der Woche mit klarem Wasser wischen – aber nicht zu viel Wasser verwenden! Auf Dampfreiniger, Ammoniak, Seife und kommerzielle Putzmittel verzichten.

GEWACHSTES HOLZ Böden mit Wachsversiegelung (kein PU) sollten mit der Parkettdüse gesaugt werden. Wasser beschädigt das Wachs – verschüttete Flüssigkeiten daher immer sofort wegwischen.

034
SANFTE PFLEGE FÜR BAMBUS

Harte Schmutzpartikel und zu viel Wasser können dieses umweltfreundliche, erneuerbare Material beschädigen. Den Boden täglich mit einem weichen Besen fegen, mit einem Mikrofaser-Mopp wischen oder mit der Parkettdüse saugen. Verwenden Sie einmal in der Woche eine Hartholz-Bodenpflege (siehe Nr. 32): Sprühen Sie einen kleinen Bereich damit ein und wischen Sie mit einem Mikrofaser-Mopp nach. Der Reiniger darf dabei keine Pfützen auf dem Boden bilden. Verzichten Sie auf Ammoniak, Essig und andere säurehaltige Putzmittel.

035
LANGLEBIGES LAMINAT

Laminatböden verbinden die Optik von Holz mit einer Deckschicht aus Kunststoff. Sie sind preiswerter und pflegeleichter als Hartholz. Laminat kann allerdings nicht neu versiegelt werden, daher sollte es gut gepflegt werden.

REINIGUNG Für die tägliche Reinigung genügt ein Mikrofaser-Mopp oder der Staubsauger. Für gründlicheres Saubermachen sprühen Sie Laminat-Bodenpflege (siehe Nr. 0032) auf einen Mopp und reinigen Sie einen kleinen Bereich nach dem anderen damit. Anschließend sofort mit einem feuchten Mopp nachwischen und den Boden mit einem Handtuch gründlich trocknen.

VORSICHT Der Mopp darf nie ganz nass sein, sonst sickert Wasser zwischen die Bretter und lockert das Laminat oder beschädigt die Holzfaserschicht. Scheuernde Putzmittel und -geräte zerkratzen das Laminat. Seife, Acrylwachs sowie andere Wachs- und Glanzpflegeprodukte schaden der Beschichtung. Auch auf einen Dampfreiniger sollte verzichtet werden.

037
KORKPFLEGE

Kork ist ein erneuerbares, ungiftiges Material. Er ist nachgiebig und daher schonender für Füße und Rücken als andere Beläge. Aufgrund seiner Porigkeit muss Kork versiegelt werden. Die dünne Deckschicht zerkratzt leicht, reinigen Sie den Boden daher täglich mit einem Besen, einem Mikrofaser-Mopp oder der Parkettdüse des Staubsaugers.

WISCHEN Nur mit einem feuchten Mopp und Allzweck-Bodenpflege (siehe Nr. 032) reinigen. Nicht zu viel Wasser verwenden. Wenn der Boden nach dem Wischen noch nicht ganz trocken ist, trocknen Sie ihn mit einem sauberen Handtuch nach. Keine scharfen Putzmittel und kratzigen Schwämme verwenden – diese beschädigen die dünne Deckschicht.

FLÜSSIGKEITEN Wischen Sie verschüttete Flüssigkeiten sofort auf, damit sie nicht in den Kork sickern. Etwas Allzweck-Bodenpflege (siehe Nr. 032) aufsprühen und sanft mit einem Mikrofasertuch sauberreiben. Mit klarem Wasser nachwischen und den Boden mit einem Handtuch komplett trockenwischen.

036
SCHÖNER STEIN

Natursteinböden benötigen besondere Pflege. Flüssigkeiten können in den Stein eindringen – die Versiegelung, die beim Verlegen des Bodens aufgetragen wird, macht den Stein resistenter gegen Flecken, ist aber kein kompletter Schutz.

JEDEN TAG Auch Steinböden müssen täglich von Schmutzpartikeln befreit werden, damit keine Kratzer entstehen. Ein Mikrofaser-Mopp schont den Stein.

NUR WASSER Verwenden Sie einen feuchten Mopp und klares Wasser. Das Wasser oft wechseln. Mit einem Tuch nachtrocknen, damit keine Flecken zurückbleiben. Reinigen Sie den Boden alle paar Monate und bei größeren Verschmutzungen mit Fliesen-Bodenpflege (siehe Nr. 032). Mit klarem Wasser nachwischen, danach den Boden komplett trockenwischen.

FLECKEN Verschüttete Flüssigkeiten sofort mit einem trockenen Tuch aufnehmen. Ein weißes Tuch mit milder Seifenlauge befeuchten und kurz auf den Fleck drücken, bis nichts mehr aufgesaugt wird. Den Stein dabei aber nicht durchtränken. Mit klarem Wasser nachwischen und dann mit einem Tuch nachtrocknen, denn auch Wasser kann Flecken hinterlassen. Wein, Cola und Säuren schnell aufwischen. Meiden Sie Scheuermittel und Ammoniak.

038

BLITZBLANKE BETONBÖDEN

In der Industrie wird Beton schon lange als Bodenbelag verwendet – mittlerweile auch im Wohnbereich. Beton hat Poren und sollte versiegelt werden, und zwar am besten vom Profi, auch wenn die Deckschicht nicht komplett vor Flecken schützt. Die tägliche Reinigung ist die gleiche wie bei anderen Böden.

SEIFE UND WASSER Beton nie mit Ammoniak oder Essig reinigen, sie können die Versiegelung beschädigen. Geben Sie 1 TL milde Seife (ich mag Zitrus-Kastilienseife) in 4 Liter warmes Wasser und verwenden Sie diesen natürlichen Reiniger für Ihre Betonböden. Wischen Sie kleine Bereiche mit dem feuchten Mopp.

Tauchen Sie den Mopp häufig ins Wasser und wringen Sie ihn so fest wie möglich aus. Wischen Sie den Boden anschließend mit klarem Wasser nach.

FLECKEN Verschüttete Flüssigkeiten, die Flecken hinterlassen könnten, sofort mit Seifenwasser entfernen. Geht der Fleck nicht weg, das Wasser 20 Minuten einwirken lassen und den Fleck dann mit einer Scheuerbürste wegschrubben.

039

LIEBE ZUM LINOLEUM

Alles, was alt ist, kommt irgendwann wieder in Mode. Früher rissen Hausbesitzer alte Linoleumböden heraus, heute schätzt man den Retro-Look und das pflegeleichte Material. Linoleum besteht aus natürlichen Materialien (vorwiegend aus Leinöl, mit Zusätzen von Kork, Harz und Mineralien). Es ist antibakteriell und antiallergen.

Linoleum kann wie die meisten Böden gefegt oder gesaugt werden. Für eine gründlichere Reinigung können Sie einen Sprühmopp und Allzweck-Bodenpflege (siehe Nr. 032) verwenden. Oder Sie sprühen einen kleinen Bereich des Bodens ein, wischen ihn trocken und sprühen dann den nächsten ein. Bei hartnäckigem Schmutz ein Tuch mit Allzweck-Bodenpflege befeuchten und den Fleck sanft wegreiben.

Keine starken Alkalireiniger wie Ammoniak, Chlor oder Wasserstoffperoxid verwenden.

040
DIE RICHTIGE FLIESENPFLEGE

Wie bei Holzböden gibt es auch bei Fliesen verschiedene Materialien und Beschichtungen. Bodenfliesen sind oft aus Keramik oder Porzellan und können glasiert, unglasiert oder poliert sein. Die tägliche Grundpflege ist für alle Fliesen gleich (mit dem Mikrofaser-Mopp wischen oder mit der Parkettdüse saugen), bei der gründlicheren Reinigung gibt es aber Unterschiede. Außerdem sind Fliesen fast immer verkittet – für mehr Informationen zur richtigen Fugenreinigung siehe Nr. 005.

KERAMIK- ODER PORZELLANFLIESEN	WISCHEN	FLECKEN ENTFERNEN	VORSICHT
GLASIERT ODER POLIERT	Mit Fliesen-Bodenpflege (siehe Nr. 032) wischen und mit einem trockenen Mikrofasertuch oder Mopp nachtrocknen, damit keine Wasserflecken zurückbleiben.	Am besten eine weiche Zahnbürste verwenden, um die Deckschicht nicht zu zerkratzen. Hartnäckige Flecken mit einer kleine Menge Fliesen-Bodenpflege entfernen und sofort feucht nachwischen.	Keine Scheuerbürste verwenden – diese zerkratzt die Glasur. Auch Ammoniak und Chlor sind zu meiden, da sie die Fliesen und die Fugen verfärben können.
UNGLASIERT	Einen kleinen Bereich (ca. 1 m) mit Fliesen-Bodenpflege einsprühen, einige Minuten einwirken lassen und dann aufwischen. Mit einem sauberen, trockenen Mikrofasertuch nachwischen.	Bei unglasierten Fliesen liegen die Poren frei, daher sollte jeder Fleck sofort entfernt werden, bevor er in die Fliese einzieht. Den Fleck wegschaben oder wegwischen, bei Bedarf mit einer Zahnbürste wegschrubben.	Die Fliesen sollten nicht länger feucht bleiben, sonst können sich Wasserflecken bilden und es kann zu Schimmelbildung auf den Fliesen kommen.

041
VINYLBÖDEN LANGE ERHALTEN

Das weiche und pflegeleichte Vinyl gibt es von der Rolle oder als Fliesen. Vinylfliesen gibt es unter anderem in Keramik-, Naturstein- oder Holzoptik. Vinylböden gibt es in unterschiedlichen Qualitäten oder Nutzungsklassen, aber sie alle müssen regelmäßig gereinigt werden, um lange erhalten zu bleiben. Die tägliche Reinigung ist unkompliziert – es genügt ein Besen, ein Mikrofaser-Mopp oder ein geeigneter Staubsaugeraufsatz.

WISCHEN Befeuchten Sie einen Mopp mit klarem Wasser und sprühen Sie Vinyl-Bodenpflege (siehe Nr. 032) auf den Boden. Der Essig löst Dreck und desinfiziert, die ätherischen Öle lassen den Boden wieder glänzen.

SCHLEIFSPUREN Behandeln Sie Schleifspuren im Vinyl mit einem flüssigen Wachs, etwa mit Jojobaöl. Danach das Öl mit Vinyl-Bodenpflege entfernen. Speiseflecken am besten mit einer Zahnbürste und einer Paste aus Natron und Wasser entfernen. Anschließend mit klarem Wasser nachreinigen.

LANGE LEBENSDAUER Scheuermittel und raue Putzmaterialien können das Vinyl zerkratzen. Seife, Reinigungsmittel und Acrylwachs-Glanzprodukte lassen den Boden stumpf aussehen. Ammoniak kann zu Rissen im Belag führen. Wachspasten oder Lösungsmittel können das Material angreifen.

042
PFLEGE FÜR TEPPICHE

Bevor Sie einen Teppich oder Vorleger reinigen, sollten Sie das Material kennen: Wolle, Seide, Baumwolle, andere Naturfasern oder Kunstfaser. Ein Blick in die Pflegeanleitung des Teppichs oder auf die Website des Herstellers kann Ihnen Aufschluss über die Fasern und deren korrekte Reinigung geben. Zu den häufigsten Materialien finden Sie im Folgenden einige grundlegende Tipps.

WOLLE Wolle ist die wahrscheinlich langlebigste und robusteste Faser. Dennoch gibt es auch hier bei der Reinigung einiges zu beachten. Beim Staubsaugen muss die rotierende Bürste an der Unterseite des Bürstenkopfs hochgestellt sein, sodass die Borsten den Boden nicht berühren. Diese können nämlich die Wollfasern beschädigen. Statt wie üblich parallel zur Kante des Teppichs zu saugen, empfiehlt sich eine v-förmige Saugbahn – das schont die Fasern. Saugen Sie langsam, damit der Staubsauger genug Zeit hat, den ganzen Staub aufzunehmen.

SEIDE Seidenteppiche, aber auch Seidenteile in Wollteppichen müssen mit besonderer Sorgfalt gereinigt werden. Flecken nur mit lauwarmem Wasser behandeln. Verwenden Sie die schonendere Polsterdüse anstatt der Bürstenwalze des Staubsaugers.

PFLANZENFASERN Pflanzenfasern wie Sisal, Seegras, Jute oder Hanf sind aufgrund ihrer natürlichen, wohnlichen Optik sehr beliebt. Naturfasern nehmen Wasser und Flecken leicht auf. Nur Seegras ist wasserbeständig und daher weniger anfällig für Flecken. Tupfen Sie Flecken mit einem Mikrofasertuch oder einem sauberen weißen Handtuch weg – nicht wischen! Selbst Wasser kann sich mit dem Schmutz im Teppich vermischen und einen Fleck bilden, wenn man es nicht sofort wegtupft. Entfernen Sie festen Schmutz mit einem Löffel und lassen Sie den Fleck trocknen. Die Reste sanft abbürsten und dann wegsaugen.

Naturfaserteppiche müssen öfter gesaugt werden als andere Teppiche, da der Schmutz sonst in die Fasern hineingetreten werden kann. Verwenden Sie statt der normalen Bürstenwalze lieber eine Polsterdüse oder den Staubpinsel-Aufsatz des Staubsaugers – sie sind weicher und gelangen besser in das Gewebe. Bewegen Sie den Staubsauger erst der Länge und dann der Breite des Teppichs nach vor und zurück. So holen Sie den Schmutz von allen Richtungen aus den Fasern.

SYNTHETIKFASERN Kunstfasern sind fleckenresistent. Dennoch sollten Sie sich um Verschmutzungen rasch kümmern, auch wenn die Flecken viel leichter zu entfernen sind als bei Naturfaserteppichen.

043
ANTIKE TEPPICHE REINIGEN

Antike Teppiche haben Jahrzehnte, wenn nicht sogar Jahrhunderte, auf dem Buckel. Mit der richtigen Pflege bleiben sie auch noch der nächsten Generation erhalten.

AUSSCHÜTTELN Kleine Teppiche können Sie einfach ausschütteln.

Da Teppiche Gerüche und Staub aufnehmen, sollte man sie zumindest einmal im Jahr auslüften – aber nicht in der Sonne. Teppiche außerdem ein- bis zweimal im Jahr drehen, damit sie gleichmäßig abgenutzt werden.

VORSICHT BEIM SAUGEN Auf niedrigster Stufe saugen. Achten Sie darauf, die Fransen nicht einzusaugen. Wenn Ihr Staubsauger keine sanfte Saugstufe hat, fegen Sie den Teppich lieber mit einem Besen. Teppiche sollten außerdem immer von beiden Seiten saubergemacht werden.

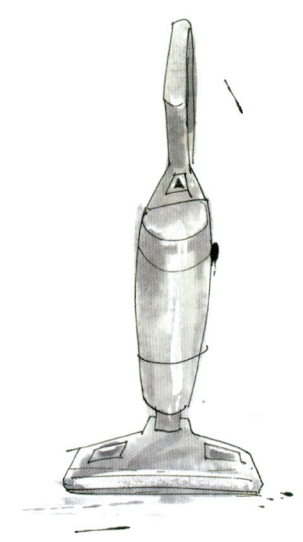

044
TEPPICH ÜBER TEPPICH

Die Auswahl an gemusterten modernen und klassischen Teppichen ist riesig. Kein Wunder, dass man heute auf Teppichbo-den oft noch weitere Teppiche legt. Pflegen Sie alle Ihre Teppiche – vielleicht werden auch sie einmal zu Antiquitäten.

SAUBER HALTEN Saugen Sie die Vorder- und Rückseite des Teppichs sowie den (Teppich-)Boden darunter. Schütteln Sie den Teppich, wenn möglich, draußen aus, um hart-näckigen Schmutz zu lösen.

WASCHEN Kleine Teppiche aus Baumwolle oder Kunstfaser kann man im Schongang in der Wasch-maschine waschen. Lesen Sie zuvor aber unbedingt das Pflegeetikett. Las-sen Sie den Teppich möglichst schnell nach dem Waschen an der Luft trock-nen, um die Farben vor dem Verblas-sen zu schützen.

045
SAUBERES KUHFELL

Kuhfellteppiche sind im Trend – auch weil sie so pflege-leicht sind. Saugen Sie das Fell immer in Strichrichtung und verwenden Sie eine Polsterdüse anstatt der norma-len Bürstenwalze. Flecken sollten sofort mit warmem Seifenwasser entfernt werden, das Fell dabei aber nicht zu nass machen.

046
KUSCHELIGES SCHAFFELL

Ein Schaffell benötigt sanfte Pflege, um das Leder und die flauschige Schafwolle zu schonen. Wenn Sie nicht sicher sind, ob Ihr Fell in der Wasch-maschine gewaschen werden darf, waschen Sie es lieber von Hand im Waschbecken oder in der Badewanne.

Bürsten Sie das Fell mit einer Lamm-fellbürste – mit langen Metallborsten – und schütteln Sie es aus, um möglichst viel Schmutz zu entfernen. Dann mit kaltem Wasser und einem milden Reiniger reinigen. Keine Waschmittel für Wolle oder Kleidung verwenden, vor allem keine, die Enzyme oder Chlor enthalten. Ziehen Sie das Fell sanft und ohne zu reiben durch das Wasser, damit das Fell nicht verfilzt.

Wechseln Sie das Wasser im Wasch-becken oder in der Badewanne so oft, bis es klar bleibt. Lassen Sie das Fell danach flach trocknen, aber nicht in der Sonne. Zu schnelles oder zu heißes Trocknen kann dem Fell schaden. Das trockene Schaffell schließlich noch einmal bürsten.

047
REGELMÄSSIG REINIGEN

Teppichböden (aber auch große und kleine Teppiche und Vorleger) sollten regelmäßig gesaugt werden. Das macht die Teppiche schöner, sauberer und langlebiger, denn Schmutzpartikel sammeln sich sonst im Gewebe und können die Fasern zerstören.

Die meisten Teppichböden müssen nur einmal in der Woche gereinigt werden –

ich mache es jeden Mittwoch. Teppiche in viel genutzten Räumen, etwa im Eingangsbereich oder im Wohnzimmer, reinige ich öfter. Kleinere Teppiche schüttle ich oft und gern aus. Da ich mich an meinen wöchentlichen Plan halte, muss ich meine Teppiche nur einmal im Jahr, beim Frühjahrsputz, gründlich reinigen.

048
NATÜRLICHE FLECKENENTFERNER

Manchmal genügen Wasser und Seife, damit ein Fleck vom Teppich verschwindet. Bei hartnäckigeren Verschmutzungen empfiehlt sich der Einsatz von Essig, um die lästigen Flecken aufzulösen.

ALLZWECK-FLECKENENTFERNER FÜR TEPPICHE

In einer 500-ml-Sprühflasche 1 TL Kastilienseife mit Wasser vermischen.

ESSIG-FLECKENENTFERNER FÜR TEPPICHE

1 EL Kastilienseife, 1 EL Essig und 2 Tassen warmes Wasser in einer 500-ml-Sprühflasche vermischen.

049
SOFORT REAGIEREN

Flecken auf Teppichen sind unvermeidlich. Da ich meine Teppiche regelmäßig sauge, entdecke ich so ein Malheur immer sofort, bevor ein bleibender Fleck entsteht. Flecken aus Teppichen zu entfernen, erfordert Geduld und Beharrlichkeit. Manchmal muss man einen Fleck mehrmals behandeln, bis er verschwindet. Und so geht's:

TUPFEN Den Fleck sofort wegtupfen. Dickere Flüssigkeit am besten mit einem Löffel abtragen.

EINMAL SPRÜHEN Den passenden Fleckenentferner auftragen (siehe Nr. 048). Reiniger und Wasser nur sparsam verwenden – saugt sich der Teppich mit Flüssigkeit voll, kann es zu Schimmelbildung kommen.

NICHT SCHRUBBEN Wischende Bewegungen verteilen den Schmutz nur. Tupfen Sie den Fleck stattdessen mit einem feuchten Tuch weg und arbeiten Sie sich dabei vom Außenrand des Flecks nach innen vor.

TESTEN UND WIEDERHOLEN Drücken Sie eine saubere Ecke des Tuchs auf den Fleck. Nimmt das Tuch noch Schmutz auf oder ist der Fleck auf dem Teppich noch sichtbar, den Reinigungsvorgang wiederholen, bis der Fleck verschwunden ist.

NACHREINIGEN Zum Schluss mit kaltem Wasser nachreinigen. Sprühen Sie den Fleck mit klarem Wasser ein und tupfen Sie ihn ab, bis alle Seifenreste weg sind.

TROCKNEN Die verbleibende Feuchtigkeit mit einem trockenen, sauberen Tuch aufnehmen.

050
TIPPS FÜR DIE HÄUFIGSTEN FLECKEN

Für diese Aufgabe eignet sich am besten ein sauberes weißes Baumwolltuch. Farbige Tücher könnten mit dem Reinigungsmittel reagieren und Farbe auf dem Teppich hinterlassen. Baumwolltücher haben die beste Saugkraft, sind umweltfreundlich und nutzen sich nicht so schnell ab.

WELCHER FLECK?	WELCHE BEHANDLUNG?
SAUCEN AUF TOMATENBASIS (Z. B. SPAGHETTISAUCE, KETCHUP, BARBECUESAUCE)	Probieren Sie es zuerst mit dem Allzweck-Fleckenentferner für Teppiche. Ist der Fleck danach noch da, versuchen Sie es mit dem Essig-Fleckenentferner. Mit klarem Wasser nachreinigen.
WEIN, SAFT, BEEREN, SCHOKOLADE, LIMONADE	Den Essig-Fleckenentferner für Teppiche so oft wie nötig anwenden. Mit klarem Wasser nachreinigen.
KAFFEE, TEE	Den Essig-Fleckenentferner so oft wie nötig anwenden. Mit Wasser nachreinigen.
FETT (SALATDRESSING, BUTTER, OLIVENÖL)	Mit Natron bestreuen und zehn Minuten einwirken lassen. Vorsichtig aufnehmen und bei Bedarf Essig-Fleckenentferner verwenden. Mit Wasser nachreinigen.
MILCHPRODUKTE	Den Fleck mit einem Löffel oder einem Tuch entfernen und mit Allzweck-Fleckenentferner einsprühen. Falls der Fleck nach saurer Milch riecht, mit Natron bestreuen und über Nacht einwirken lassen. Mit einem stumpfen Messer lockern und entfernen.
SCHMUTZ, ERDE, SCHLAMM	Den Fleck mit einem Löffel oder einem weichen Tuch entfernen. Den Essig-Fleckenentferner so oft wie nötig anwenden. Mit klarem Wasser nachreinigen.
ROTER TON	Mit einer Zahnbürste wegbürsten. Dann ¼ Tasse Salz und etwas Essig in einer Schüssel vermischen, bis eine Paste entsteht. Die Paste auf den Fleck auftragen und einige Stunden einwirken lassen. Entfernen, trocknen lassen und saugen.
URIN	Mit trockenen Tüchern möglichst viel Flüssigkeit aufnehmen. Essig und Wasser zu gleichen Teilen mischen und aufsprühen. Mit einem weißen Baumwolltuch auftupfen. Das Tuch oft wechseln und so lange tupfen, bis die Verfärbung verschwunden ist. Bei Flecken oder Geruch Natron über Nacht einwirken lassen und dann wegsaugen.
KOT, ERBROCHENES	Handschuhe anziehen. Den Schmutz mit einem Löffel oder Spatel entfernen. Flüssigkeit auftupfen und mit dem Essig-Fleckenentferner reinigen. Natron auf den Fleck streuen, 15 Minuten einwirken lassen und wegsaugen.

051
ES WERDE LICHT

Licht kann die Stimmung in einem Raum auf Knopfdruck verändern. Das merkt man oft erst, wenn eine Glühbirne kaputtgeht oder Staub auf dem Lampenschirm das Licht dämpft. Darum sollten bewegliche Lampen wöchentlich, andere Leuchten ein- bis zweimal im Jahr gereinigt werden. Die wöchentliche Reinigung dauert nur wenige Minuten. Lässt man die Lampen hingegen verdrecken, hat man viel mehr zu tun!

052
LAMPENSCHIRME REINIGEN

Lampenschirme, die einmal in der Woche gereinigt werden, bleiben lange schön. Wenn man Staub und Schmutz darauf sehen kann, ist es oft schon zu spät, um den Schirm noch zu retten. Der Staub auf dem Lampenschirm verbindet sich mit der Feuchtigkeit aus der Luft und bildet einen unschönen Belag. Die Wärme der Glühbirne verdunkelt den Schirm noch mehr.

Widmen Sie Ihren Lampenschirmen daher regelmäßig etwas Zeit.

ABSTAUBEN Besonders wichtig ist das Abstauben bei Lampenschirmen aus Papier, da man sie nicht waschen kann, ohne sie zu beschädigen. Auch andere Materialien, die geklebt und nicht genäht sind, lösen sich voneinander, wenn sie mit Wasser in Berührung kommen – also Vorsicht!

Alle Lampen und Wandleuchten (Glühbirnen, Gestell und Schirm) immer, wenn Sie in einem Raum Staub wischen, mitabstauben. Die Lampen sollten dabei ausgeschaltet und kalt sein. Ein Mikrofasertuch nimmt den Staub auf, so wird er nicht einfach auf den Tisch oder Boden gewischt.

SAUGEN Sie können Lampenschirme auch mit dem Staubpinsel-Aufsatz des Staubsaugers reinigen. Dabei aber nicht direkt über Fransen oder Bordüren saugen: Ziehen Sie einen Nylonstrumpf über die Saugdüse, damit der Besatz nicht eingesaugt wird.

TIPP Auch ein sauberer Farbpinsel (2–5 cm Breite) oder ein Fusselroller eignen sich. Finden Sie die für Sie geeignete Methode, die Sie gern regelmäßig anwenden.

053
LAMPENSCHIRME AUS STOFF

Lampenschirme aus Stoff, die auf ein Drahtgestell genäht sind, kann und sollte man einmal im Jahr waschen. Stoffe, etwa Baumwolle, Leinen und sogar Seide, können Sie vorsichtig mit der Hand waschen. Plastikschirme mit einem Schwamm und Seifenwasser reinigen und gründlich abtrocknen.

Flecken auf Lampenschirmen sind heikel. Reibt man über den Fleck, kann der Stoff beschädigt werden. Wasser und Seife entfernen den Fleck vielleicht, können aber Wasserflecken hinterlassen. Bei Flecken empfiehlt es sich daher, den ganzen Schirm zu reinigen.

SCHRITT EINS Den Lampenschirm zuerst gründlich von Staub befreien.

SCHRITT ZWEI Die Badewanne oder ein tiefes Waschbecken mit genügend lauwarmem Wasser füllen, sodass Sie den Schirm ganz eintauchen können. 1 EL Kastilienseife hinzugeben. Kein Spül- oder Waschmittel verwenden.

SCHRITT DREI Halten Sie den Schirm am Drahtgestell, tauchen Sie ihn ins Wasser und bewegen Sie ihn hin und her, bis er sauber ist. Das Wasser wechseln und Seifen- und Schmutzreste abwaschen. Das Wasser so oft wechseln, bis es klar bleibt.

SCHRITT VIER Den Schirm trocknen lassen, aber nicht in der Sonne, oder mit der Kaltluftstufe des Föns trockenföhnen.

054
LAMPENSCHIRME AUS GLAS

Wandleuchten sind oft mit Glas verkleidet. Waschen Sie die Lampenschirme einmal im Jahr mit der Hand in warmem Seifenwasser. Legen Sie das Waschbecken mit Handtüchern aus, um das Glas zu schützen. Nicht im Geschirrspüler waschen und immer komplett trocknen lassen.

Auch viele Pendelleuchten haben Glasschirme. Kann man diese nicht abnehmen, muss eine Leiter her, vorher aber unbedingt den Strom am Sicherungskasten abschalten. Die Lampen mit einem Schwamm und Seifenwasser reinigen. Das Wasser dabei oft wechseln. Das Glas mit einem sauberen Schwamm und klarem Wasser nachreinigen.

055
ANDERE LEUCHTEN

Lampen aller Art, auch Wand- und Deckenleuchten, gibt es aus vielen verschiedenen Materialien. So pflegen Sie die gängigsten:

UNBEKANNTE METALLE Viele Leuchten aus Metall sind lackiert, bemalt oder pulverbeschichtet. Die falschen Reinigungsmittel und -methoden können diese Oberflächen beschädigen. Fragen Sie beim Kauf einer neuen Lampe immer nach, wie man sie richtig reinigt. Wenn Sie nicht wissen, womit die Oberfläche beschichtet ist, wischen Sie die Lampe nur mit einem leicht feuchten Tuch und ohne Reinigungsmittel ab. Die Lampe danach sofort gründlich trockenwischen.

MESSING UND KUPFER Läuft das Metall mit der Zeit an, ist es unlackiert oder die Beschichtung löst sich ab und muss entfernt werden. Polieren Sie angelaufenes Messing und Kupfer mit einer halben Zitrone, auf die Sie reichlich Salz streuen. So viele Zitronen wie nötig verwenden. Mit einem weichen Tuch und mildem Seifenwasser nachwischen. Anschließend mit einem zweiten, feuchten Tuch nachwischen und schließlich trockenwischen.

HOLZ Unbehandeltes Holz abstauben. Auf lasiertes Holz mit einem weichen Tuch Möbelpolitur (siehe Nr. 197) auftragen und mit einem sauberen Tuch polieren. Lackiertes Holz mit einem feuchten Tuch und klarem Wasser reinigen und sofort trockenwischen.

056

NEUER GLANZ FÜR KRONLEUCHTER

Damit Kronleuchter schön glänzen, sollten sie einmal wöchentlich mit einem Mikrofasertuch abgestaubt werden. Um Leuchter besser zu erreichen, empfiehlt sich ein Mikrofaser-Staubwedel mit Teleskopstiel. Nehmen Sie Leuchter einmal im Jahr ab oder verwenden Sie eine Leiter, um sie gründlich zu reinigen. Zuvor aber unbedingt den Strom am Sicherungskasten abschalten.

FOTOS MACHEN Hat Ihr Leuchter ein komplexes Design, machen Sie vor dem Zerlegen ein paar Fotos, damit Sie ihn später wieder richtig zusammenbauen können. Legen Sie eine Plane oder ein altes Laken unter Ihren Arbeitsbereich. Entfernen Sie alle Glühbirnen. Wenn Sie von der Leiter aus arbeiten, setzen Sie sicherheitshalber eine Schutzbrille auf.

AUF DER LEITER Wenn Sie einen Leuchter aus Kristall oder Glas von der Leiter aus reinigen, sprühen Sie Glasreiniger (siehe Nr. 009) auf ein Mikrofasertuch und wischen Sie alle Teile sanft ab. Niemals direkt auf den Leuchter sprühen! Trocknen Sie jeden Kristall mit einem sauberen Mikrofasertuch ab.

AUF DEM BODEN Wenn Sie Ihren Kristall- oder Glasleuchter herunternehmen können, ist das Putzen viel einfacher. Nehmen Sie alle Kristalle vorsichtig ab. Achten Sie darauf, wie sie befestigt sind, damit Sie alle Teile nach dem Saubermachen wieder richtig aufhängen können.

057

DECKENLEUCHTEN

Fest verbaute Lampen einmal im Jahr reinigen. Entfernen Sie bis auf die Halterung alle Teile. Kronleuchter benötigen besondere Aufmerksamkeit (siehe Nr. 056), aber jede Lampe braucht Pflege.

DECKENLAMPEN Mindestens einmal im Jahr alle Teile (bis auf die Halterung) abnehmen und reinigen.

Glasteile von Hand in mildem Seifenwasser waschen, abspülen und abtrocknen. Abdeckungen aus Metall mit Seifenwasser und einem Tuch oder Schwamm reinigen, dann abspülen und abtrocknen. Wenn Sie in der Lampe oft tote Insekten finden, sollten Sie sie öfter reinigen.

TROMMELN Pendelleuchten mit trommelförmigen Lampenschirmen können mit dem Staubpinsel-Aufsatz des Staubsaugers gereinigt werden. Ist der Schirm aus Stoff, halten Sie sich an die Anleitung unter Nr. 053.

Tipp

GLÜHBIRNEN ABSTAUBEN

Stauben Sie Glühbirnen mit einem Mikrofasertuch ab. Danach leuchten sie heller, besonders wenn sie noch nie geputzt wurden.

GRUNDLAGEN
Checkliste

Lassen Sie sich nicht von der Länge dieser Liste abschrecken – die enthaltenen Aufgaben sollen nur als Anhaltspunkte dienen. Passen Sie die Liste an Ihren Alltag an: Haben Sie Haustiere, Kinder oder eine Putzhilfe? Wie wichtig ist Ihnen Sauberkeit? Schreiben Sie jene Aufgaben auf die Liste, die Sie machen müssen oder die Sie erledigen wollen.

Die Zahlen beziehen sich auf die Einträge, nicht auf die Seitenzahlen. Achten Sie darauf, wenn Sie Informationen zu bestimmten Materialien oder Methoden nachschlagen möchten.

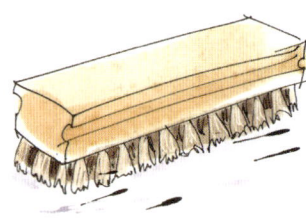

TÄGLICH

- ☐ Grundreinigung aller Räume
- ☐ Verunreinigungen und Flecken entfernen
- ☐ Böden fegen oder saugen *30*

WÖCHENTLICH

- ☐ Sichtschutz abstauben *14*
- ☐ Türen und Leisten abstauben *18*
- ☐ Lichtschalter putzen *19*
- ☐ Decken, Wände abstauben *20*
- ☐ Böden wischen *31*
- ☐ Teppiche und Vorleger saugen *42, 44*
- ☐ Lampen und Kronleuchter abstauben *52, 56*

MONATLICH

- ☐ Spiegel putzen *13*
- ☐ Sichtschutz absaugen *14*
- ☐ Mülleimer säubern *28*
- ☐ Türgriffe reinigen *29*

HALBJÄHRLICH (FRÜHJAHR UND HERBST)

- ☐ Fenster putzen *12*
- ☐ Sichtschutz gründlich reinigen *14*
- ☐ Türen und Leisten reinigen *18*
- ☐ Wände reinigen *20*
- ☐ Eingangstüren säubern *27*
- ☐ Lampenschirme reinigen *53*
- ☐ Lampen und Wandleuchten reinigen *54, 55*
- ☐ Kronleuchter und Deckenleuchten reinigen *56, 57*

Küche

Die Küche ist ganz klar das Herz des Hauses.

Sie ist die Kommandozentrale, wo auch die größte Unordnung herrscht. Flüssigkeiten tropfen, Gewürze werden verstreut und Saucen spritzen – das gehört zum Kochen einfach dazu. Das Putzen erfordert hier etwas mehr Zeit und Aufwand, darum hilft bei uns jeden Abend die ganze Familie mit, die Küche aufzuräumen. In diesem Kapitel finden Sie unsere Morgen- und Abendroutine, mit deren Hilfe wir die Küche sauber und ansehnlich halten. Mit einem täglichen Putzplan werden Sie jeden Morgen eine saubere Küche vorfinden und Sie können Ihr Frühstück zubereiten, ohne zuerst das Chaos vom Vorabend beseitigen zu müssen. Nutzen Sie die Checklisten und Tipps in diesem Kapitel, um ein für alle Mal Ordnung in Ihrer Küche zu schaffen!

058 ORDNUNG IN DER KÜCHE

In der Küche werden Speisen zubereitet und verzehrt, Hausaufgaben gemacht und kleine Wunden verarztet. Dort führen wir gute Gespräche oder trinken Kaffee mit unseren Freunden und Freundinnen. Darum sollte die Küche stets vorzeigbar aussehen. Ich zeige Ihnen, wie das nahezu mühelos gelingt: Vom täglichen Abwischen der Flächen bis zur halbjährlichen Reinigung der Küchengeräte – in diesem Kapitel finden Sie meine bewährten Tipps und Tricks für alle Bereiche der Küche.

059 ALLABENDLICHES AUFRÄUMEN

Morgens in eine saubere Küche zu kommen, fühlt sich toll an. Das hebt meine Stimmung für den ganzen Tag. Darum mache ich jeden Abend ein schnelles Aufräumprogramm, das maximal 15 Minuten dauert.

EINRÄUMEN Den Geschirrspüler einräumen und einschalten – und morgens sofort wieder ausräumen.

ABSPÜLEN Das restliche Geschirr abspülen und zum Trocknen aufstellen.

BESTREUEN Die Spüle auswaschen, mit Natron bestreuen und einen Spritzer Kastilienseife dazugeben. Mit einem Schwamm verteilen und einwirken lassen.

SPRÜHEN Tisch, Arbeitsflächen und Herd mit Allzweckreiniger (siehe Nr. 104) einsprühen und abwischen.

TROCKNEN Das von Hand abgespülte Geschirr mit einem Geschirrtuch nachtrocknen und wegräumen.

SPÜLE PUTZEN Das Natron in der Spüle wegspülen und diese mit einem Tuch trockenwischen, damit keine Wasserflecken zurückbleiben.

FEGEN Den Boden mit Besen und Schaufel kehren oder saugen.

TÜCHER Frische Lappen und Tücher für den nächsten Tag bereitlegen.

060 START IN DEN TAG

Die Küche ist noch sauber vom Vorabend, daher ist sie nach dem Frühstück schnell wieder aufgeräumt.

AUSRÄUMEN Das saubere Geschirr aus dem Geschirrspüler räumen. Nun können Sie morgens sicher sein, dass das ganze Geschirr sauber ist.

EINRÄUMEN Das Frühstücksgeschirr in den Geschirrspüler räumen. Das dauert keine zwei Minuten.

ABWISCHEN Arbeitsflächen und Esstisch mit Allzweckreiniger (siehe Nr. 104) einsprühen und abwischen.

SPÜLE PUTZEN Die Spüle ausspülen. Etwas Natron mit einem Schwamm darin verteilen, einige Minuten einwirken lassen, wegspülen.

FEGEN Weg mit den Krümeln!

Tipp

DIE GANZE FAMILIE MITEINBEZIEHEN

Die Küche ist so schnell und einfach saubergemacht, dass auch Kinder mithelfen können. Achten Sie aber darauf, dass sie nur Reinigungsmittel ohne Schadstoffe verwenden.

061
KÜHLSCHRANK PUTZEN

Reinigen Sie Kühlschrank und Gefrierfach, bevor Sie einkaufen gehen. Dann sind die Fächer fast leer und Sie müssen nicht so viel ausräumen. Werfen Sie abgelaufene Lebensmittel weg und wischen Sie dann alle Fächer und Schubladen mit mildem Essigreiniger (siehe Nr. 104) aus.

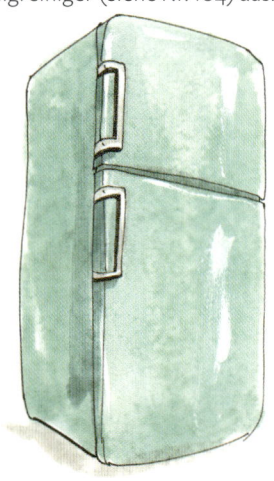

Alle sechs Monate empfiehlt sich eine gründliche Reinigung, am besten vor einem Großeinkauf, da der Kühlschrank und das Gefrierfach dafür komplett ausgeräumt werden müssen. Ziehen Sie vor dem Putzen den Stecker oder schalten Sie den Strom am Sicherungskasten ab.

SCHRITT EINS Kühlschrank und Gefrierfach ausräumen. Geben Sie verderbliche Lebensmittel zusammen mit dem Gefriergut in eine Kühlbox. Stellen Sie alles andere nach Fächern geordnet auf die Arbeitsfläche.

SCHRITT ZWEI Die Einsätze abwaschen und trocknen lassen. Für die Reinigung von Glasplatten und Gemüsebehältern 1 EL Spülmittel und 2 Tassen milden Essigreiniger vermischen. In der Zwischenzeit die Innenwände des Kühlschranks abwischen. Kühlschrankmatten abwaschen und trocknen lassen.

SCHRITT DREI Seife lässt sich von den Innenwänden nur schwer wieder abwaschen. Sprühen Sie daher milden Essigreiniger pur auf und wischen Sie die Wände und die Fächer in der Tür damit ab. Der Essig entfernt außerdem alte Gerüche und schützt vor neuen.

SCHRITT VIER Tragen Sie auf Flecken eine Paste aus Natron und Wasser auf und lassen Sie diese 15 Minuten einwirken, bevor Sie den Fleck mit einer Zahnbürste wegschrubben. Danach Natron und Schmutzreste wegwischen.

SCHRITT FÜNF Vor dem Einräumen alle Verpackungen mit einem feuchten Tuch abwischen, damit keine klebrigen Behälter in den sauberen Kühlschrank gelangen. Werfen Sie bei dieser Gelegenheit abgelaufene Lebensmittel weg – genauso wie alles, was Sie nicht mehr verwenden.

SCHRITT SECHS Stellen Sie ein sauberes, offenes Behältnis mit Natron in das mittlere Fach. Das Natron wird ab jetzt alle unangenehmen Gerüche absorbieren.

062
MEHR PLATZ IN DER GEFRIERTRUHE

Wenn Sie eine Gefriertruhe haben, reinigen Sie sie wie Ihren Kühlschrank (siehe Nr. 61). Ziehen Sie vor dem Putzen den Stecker oder schalten Sie den Strom ab. Planen Sie Ihre Menüs im Voraus und verbrauchen Sie Ihr Gefriergut, damit Sie vor dem Putzen nicht so viel auslagern müssen. Räumen Sie die Gefriertruhe aus und werfen Sie Lebensmittel weg, die Gefrierbrand aufweisen oder schon sehr lange eingefroren sind.

063
KONDENSATOR REINIGEN

Reinigen Sie auch die Kühlschlangen auf der Rückseite des Kühlschranks und der Gefriertruhe. Das verbessert die Leistung, verringert den Stromverbrauch und verlängert die Lebensdauer der Geräte. Hersteller empfehlen, den Kondensator alle 3–6 Monate zu reinigen – öfter, wenn Sie Haustiere besitzen.

ANLEITUNG In der Bedienungsanleitung steht, wo sich der Kondensator und der Lüfter befinden. Achten Sie auf eventuelle Warnhinweise.

STAUBCHECK Verwenden Sie eine Taschenlampe, um Staub und Spinnweben aufzuspüren.

BÜRSTEN Fahren Sie mit einer Kondensatorbürste (einer langen Bürste mit kurzen Borsten) vorsich-

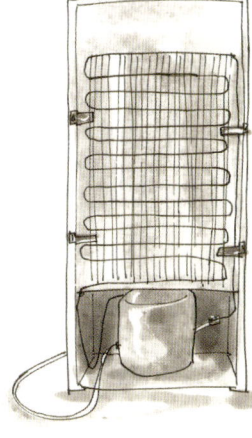

tig zwischen die Schläuche, um Staub und Fusseln zu entfernen.

SAUGEN Saugen Sie die Bürste zwischendurch immer wieder mit dem Staubsauger ab. Anschließend können Sie den Kondensator mit der Fugen- oder Staubdüse des Staubsaugers reinigen. Saugen Sie, während der Kühlschrank nach vorn gerückt ist, auch den Boden, wo das Gerät normalerweise steht.

064
AUSSENFLÄCHEN ABWISCHEN

Kühl- und Gefrierschränke gibt es mit verschiedenen Oberflächen: Emaille, normaler Edelstahl, fingerabdruckresistenter Edelstahl, Holzverkleidung und Lackierungen. In der Bedienungsanleitung des jeweiligen Geräts finden Sie Hinweise zur Pflege. Die Reinigung sollte kein Problem sein: Einfach den Schmutz mit einem feuchten Mikrofasertuch und etwas Seifenwasser abwischen. Das Tuch dann auswaschen und Seifenreste entfernen.

065
GLÄNZENDER EDELSTAHL

Damit Edelstahl auch richtig glänzt, die betreffenden Oberflächen mit mildem Essigreiniger (siehe Nr. 104) besprühen und mit einem Mikrofasertuch nachwischen. Um Streifen zu entfernen, etwas Babyöl auf ein Mikrofasertuch geben und in Richtung der Maserung wischen, um den Stahl zu polieren. Keine Scheuermittel, rauen Schwämme oder Stahlwolle verwenden – sie hinterlassen bleibende Kratzer auf dem Edelstahl.

Tipp
EINLEGEMATTEN

Nach jeder gründlichen Reinigung lege ich die Fächer im Kühlschrank mit abwaschbaren Matten aus. So muss ich bei Verunreinigungen nicht das ganze Fach herausnehmen, sondern kann einfach die Matte herausnehmen und reinigen.

066
BACKOFEN REINIGEN

Wenn Ihr Backofen eine Selbstreinigungsfunktion besitzt, gehen Sie nach Bedienungsanleitung vor. Die Roste müssen jedoch separat gereinigt werden, da die hohe Temperatur der Selbstreinigung sie beschädigen kann. Ich putze am liebsten mit selbstgemachten Reinigern. Auch hier sagt Ihnen die Bedienungsanleitung, worauf Sie achten müssen.

EINWEICHEN Die Roste aus dem Ofen nehmen und auf ein Handtuch in die Badewanne legen, so wird die Wanne nicht zerkratzt. Anschließend 15–20 cm hoch heißes Wasser in die Wanne einlaufen lassen und ½ Tasse Kastilienseife dazugeben. Die Roste über Nacht einweichen lassen und am nächsten Tag gut abspülen.

AUSWISCHEN Während die Roste einweichen, den leeren Ofen mit einem feuchten Tuch auswischen, um Krümel zu entfernen.

ANMISCHEN Vermischen Sie Natron und Wasser zu einer Paste (ca. 1 Tasse Natron und 6 EL Wasser).

VERTEILEN Falls Ihr Ofen herausnehmbare Heizelemente hat, nehmen Sie diese heraus. Verteilen Sie dann die Paste auf den Innenflächen des Ofens (auch auf dem Fenster). Im kalten Ofen mindestens sechs Stunden einwirken lassen. Die Elektrik im Inneren dabei nicht einstreichen.

SÄUBERN Breiten Sie vor dem Ofen alte Handtücher aus, um den Boden vor Schmutz zu schützen. Wischen Sie die Paste mit einem feuchten Schwamm ab, bis alle Natronreste weg sind. Den Schwamm dabei oft auswaschen, am besten in einem Eimer mit Wasser, den Sie neben sich stellen. Das Wasser mehrmals wechseln. Sprühen Sie Reste von eingebrannten Flecken mit Branntweinessig ein, um sie zu lösen.

067
MIKROWELLE WIEDER WIE NEU

Eine Tasse mit kochendem Zitronenwasser ergibt die perfekte Dampfreinigung für Ihre Mikrowelle. Und so funktioniert's:

AUSWISCHEN Die Mikrowelle mit einem feuchten Tuch und mildem Essigreiniger (siehe Nr. 104) auswischen. Entfernen Sie dabei Krümel und andere lose Schmutzpartikel.

ANMISCHEN Eine Zitrone halbieren und den Saft in eine mikrowellenfeste Schüssel pressen. Eine Tasse Wasser und die Zitronenhälften dazugeben.

ERHITZEN Die Mischung aus Saft, Wasser und Zitronenhälften in der Mikrowelle 3–5 Minuten erhitzen – je nachdem, wie stark die Mikrowelle verschmutzt ist. Ist die Zeit um, warten Sie noch mindestens fünf Minuten, bevor Sie die Tür öffnen. Der entstehende Dampf löst den Schmutz in der Mikrowelle.

REINIGEN Die heiße Schüssel vorsichtig herausnehmen und die beschlagenen Innenflächen abwischen. Auch den Drehteller herausnehmen und abwischen. Hartnäckige Flecken mit etwas Zitronenwasser und einem Tuch wegreiben. Mit dem Rest des Zitronenwassers die Außenseite der Mikrowellentür und das Bedienfeld saubermachen.

Tipp

FLECKEN SOFORT WEGWISCHEN

Wenn der Auflauf überläuft oder Fett vom Brathähnchen in den Ofen tropft, wischt man die Flecken am besten gleich weg, solange sie noch warm sind. Lassen Sie den Ofen aber erst so weit abkühlen, dass Sie sich nicht verbrennen. Wichtig ist, die Flecken nicht eintrocknen zu lassen.

Wollen Sie beim Kochen Flecken und Spritzer vermeiden? Ein Spritzschutz ist dafür perfekt – und er lässt sich leicht reinigen!

068
EIN SAUBERES KOCHFELD

Es dauert nur wenige Sekunden, das Kochfeld jeden Abend abzuwischen.

Auch wenn Sauce aus dem Topf spritzt oder etwas überkocht, ist es viel einfacher, die Flecken sofort zu beseitigen. Wenn die Spritzer erst einmal eingetrocknet sind, sind sie viel schwieriger zu entfernen. Wenn Sie das Kochfeld täglich säubern, müssen Sie es seltener gründlicher reinigen. Manche Kochfelder sind versiegelt, sodass keine

Speisereste zwischen die Herdplatten fallen können. Bei manchen kann man die Topfträger abnehmen und in der Spülmaschine reinigen. (Denken Sie daran, wenn Sie einen neuen Herd kaufen!) Ob Sie Ihr Kochfeld wöchentlich oder monatlich gründlich reinigen müssen, hängt davon ab, wie oft Sie den Herd benutzen.

069
GANZ GLATT

Induktionskochfelder sind besonders pflegeleicht – wenn man die glatte Fläche nach jedem Kochen mit einem feuchten Mikrofasertuch abwischt. Tut man das nicht, können Essensreste auf dem Feld festbrennen. Dann sind sie viel schwerer zu entfernen. Verwenden Sie zum Putzen keine rauen Schwämme oder Scheuermittel, da die Oberfläche aus Glaskeramik leicht zerkratzen kann.

Um Festgebranntes zu entfernen, ein wenig Olivenöl auf den Fleck träufeln, um ihn aufzuweichen, und ihn dann mit einem Schaber für Glaskeramik oder Farbreste (aus dem Baumarkt) abkratzen – diesen etwa im 45°-Winkel halten, um das Glas nicht zu beschädigen. Wischen Sie erst mit Seifenlösung, dann mit einem sauberen Schwamm nach. Ist der Fleck noch sichtbar, bestreuen Sie ihn mit Natron, das Sie zehn Minuten einwirken lassen. Mit Seifenlösung und dann klarem Wasser wegwischen.

070
HEIZSPIRALEN PUTZEN

Kochplatten und viele Elektrokochfelder – auch die Knöpfe und das Bedienfeld – sind ähnlich zu reinigen wie bei einem Gasherd (siehe Nr. 071). Nur Heizspiralen benötigen eine besondere Behandlung.

Stecken Sie die Heizspiralen zuerst aus. Meist muss man sie dann nur hochheben und herausziehen. Wenn sie schmutzig sind, reinigen Sie sie mit einem Mikrofasertuch und etwas Seifenwasser – die Spiralen nie ganz in Wasser tauchen. Achten Sie darauf, dass die elektrischen Anschlüsse nicht nass werden.

Entfernen Sie dann die Tropfschalen und weichen Sie sie in heißem Seifenwasser ein. Wenn sie stark verschmutzt sind, reiben Sie sie mit einer Paste aus ½ Tasse Natron und 3 EL Wasser ein und lassen Sie sie 30 Minuten einwirken. Schrubben Sie sie dann mit einem weichen Schwamm.

Sind die Heizspiralen und Tropfschalen sauber, trocknen Sie sie gründlich ab – besonders die Spiralen – und bringen Sie alle Elemente dann wieder auf dem Kochfeld an.

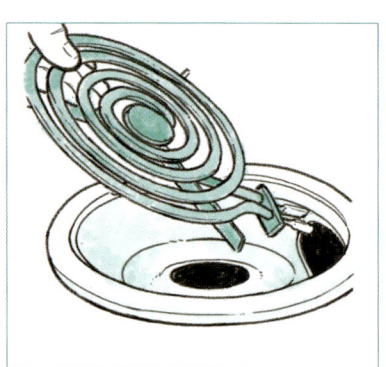

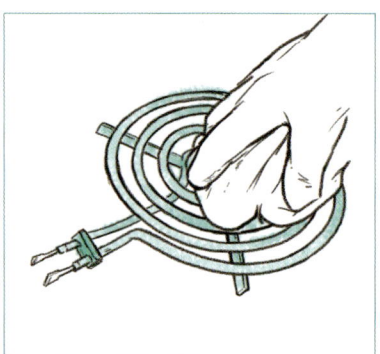

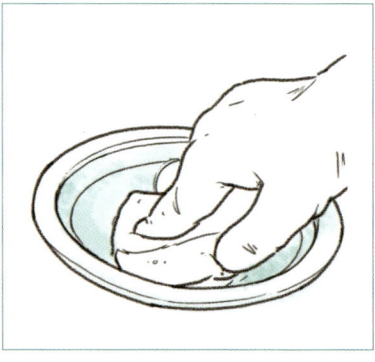

071
GASHERD REINIGEN

Gaskochfelder sind aufwendig zu reinigen, aber es lohnt sich. Schalten Sie den Herd vor dem Putzen ein und prüfen Sie, ob Löcher des Brenners verstopft sind (wenn keine Flammen herauskommen). Die Brenner dann ausschalten und abkühlen lassen, bevor Sie mit der Reinigung beginnen.

TOPFTRÄGER & BRENNERDECKEL Topfträger und Brennerdeckel entfernen und 30–60 Minuten in heißem Seifenwasser einweichen, während Sie das Kochfeld reinigen. Eingebranntes nach dem Einweichen mit einer Zahnbürste wegschrubben.

KOCHFELD Das Kochfeld mit mildem Essigreiniger (siehe Nr. 104) einsprühen und mit einem weichen Schwamm oder Mikrofasertuch abwischen. Bei hartnäckigen Flecken 1 EL milde Seife zur Essiglösung geben und die Flecken mit einer Zahnbürste wegschrubben. Dann mit klarem Wasser einsprühen und mit einem Tuch trockenwischen.

KRÜMEL Gaskochfelder haben oft eine eigene Funktion, um Krümel und Schmutz zu entfernen. Manchmal kann man die Oberfläche wie eine Motorhaube öffnen, um darunter sauberzumachen. Manchmal gibt es eine Auffangschale, die man wie eine Schublade herausziehen kann. Nutzen Sie diese Möglichkeiten und machen Sie auch diese Bereiche regelmäßig sauber.

KNÖPFE Nehmen Sie die Knöpfe ab und reinigen Sie sie mit mildem Essigreiniger und einem Mikrofasertuch. Wischen Sie auch das Bedienfeld ab, bevor Sie die Knöpfe wieder daraufstecken. Trocknen Sie die Topfträger und Brennerdeckel gründlich ab und bringen Sie sie wieder richtig an.

BRENNERKELCHE Entfernen Sie die Brennerkelche, die das Gas durch Löcher in einem Ring verteilen. Verstopfte Löcher erkennt man am besten bei brennendem Herd. Prüfen Sie die Löcher etwa eine Stunde vor dem Putzen, damit der Kelch wieder abkühlt, bis Sie anfangen. Oft sammelt sich an den Löchern weißes Pulver an – mit einer Nadel oder einer Büroklammer bekommen Sie die Löcher wieder frei. Bei stärkerer Verschmutzung die Kelche 30 Minuten in heißem Seifenwasser einweichen und danach im Ofen bei niedriger Hitze komplett trocknen lassen. (Schauen Sie in der Bedienungsanleitung nach, wie die Kelche anzubringen sind – sie funktionieren nur in der richtigen Position!)

072
DUNSTABZUG NICHT VERGESSEN

Wenn der Dunstabzug über dem Kochfeld eingeschaltet ist, absorbiert er Fett und Rauch. Darum müssen die Filter alle 3–6 Monate gründlich gereinigt werden – etwa bei geringer Hitze in der Spülmaschine. Da sie meist sehr schmierig sind, sollte man sie separat im Geschirrspüler waschen. Wenn Sie die Filter von Hand waschen, lassen Sie sie vorher einweichen.

SCHRITT EINS Besprühen Sie die Dunstabzugshaube mit einem passenden Reiniger. Je nach Material können

Sie entweder milden Essigreiniger (siehe Nr. 104) oder eine milde Seifenlösung verwenden oder nach der Methode für Edelstahl (siehe Nr. 065) vorgehen. Mit einem Mikrofasertuch sauberwischen. Sollten Sie länger nicht geputzt haben, machen Sie sich auf einiges an Dreck gefasst – regelmäßiges Saubermachen lohnt sich!

SCHRITT ZWEI Die Filter entfernen und ins Waschbecken oder einen größeren Behälter geben. Die Filter dann mit ½ Tasse Natron bestreuen und das Becken mit siedend heißem Wasser (aus der Leitung oder dem Wasserkocher) füllen. Die Filter einige Minuten einweichen, um das Fett zu lösen. Nach dem Einweichen mit einer weichen Bürste sanft, aber kraftvoll schrubben, sodass die Filter nicht beschädigt werden.

SCHRITT DREI Die Filter mit Wasser abspülen und trocknen lassen. Wenn Sie komplett trocken sind, können Sie sie wieder in den Dunstabzug einsetzen.

073

GESCHIRR VON HAND SPÜLEN

Welches Geschirr in die Spülmaschine gehört und welches nicht, hat schon zu so mancher hitziger Diskussion geführt. Tatsache ist: Nicht alle Geschirrspüler sind gleich und was bei manchen funktioniert, klappt bei anderen wieder weniger gut. In der folgenden Liste finden Sie Gegenstände, die Sie meiner Meinung nach immer von Hand spülen sollten, um keine Schäden zu riskieren. Es lohnt sich, für diese Dinge ein paar Minuten länger in der Küche zu verbringen.

MATERIAL	SO SPÜLEN SIE RICHTIG
EDLES PORZELLAN UND KRISTALLGLAS	Dieses filigrane Geschirr möchte mit Sorgfalt behandelt werden. Vergoldete Ränder haben in der Spülmaschine, wo sie sich nur verfärben würden, nichts verloren. Mein Mann und ich spülen unser feines Porzellan von Hand, sobald unsere Gäste nach Hause gegangen sind.
KÜCHENGERÄTE UND SCHNEIDEBRETTER AUS HOLZ	Von Hand spülen und mit Natron reinigen, um Flecken von Roter Bete, Erdbeeren, Kirschen und anderen Nahrungsmitteln zu entfernen.
KÜCHENMESSER	Hitze und Geschirrspülmittel machen die Klingen stumpf und können die Griffe lockern. Küchenmesser am besten gleich nach der Verwendung abwischen und abtrocknen, bevor man sie wieder im Messerblock oder in einer Schutzhülle sicher verstaut.
TAFELSILBER	Heutzutage ist es nicht mehr verpönt, Silberbesteck in die Spülmaschine zu geben. Wenn Sie Ihr Tafelsilber besonders schonen möchten, spülen Sie es aber lieber per Hand. Man kann Silber in der Spülmaschine reinigen, aber achten Sie darauf, dass es nicht mit dem normalen Edelstahlbesteck in Kontakt kommt. Der Edelstahl kann das weichere Silber zerkratzen und verfärben.
KÜCHENGERÄTE UND BEHÄLTER AUS PLASTIK	Ich spüle mein Plastikgeschirr am liebsten von Hand, aber die meisten Utensilien aus Kunststoff kann man für gewöhnlich auch im oberen Fach der Spülmaschine reinigen.
SERVIERGESCHIRR AUS SILBER	Serviergeschirr aus Silber kann in der Spülmaschine beschädigt werden. Waschen Sie es daher von Hand in heißem Seifenwasser und trocknen Sie es mit einem weichen Geschirrtuch ab. Speisen, die Salz, Mayonnaise und Ei enthalten, verfärben das Silber, wenn sie darauf antrocknen. Auch das Einweichen in Wasser über Nacht schadet dem Silber. Lieber sofort spülen.
TÖPFE UND PFANNEN AUS GUSSEISEN	Das Innere der Töpfe und Pfannen mit reichlich Salz bestreuen und mit einem Topfreiniger aus Plastik schrubben. Das Salz nimmt ganz ohne Wasser Fett und Speisereste auf – was das Eisen vor Rost schützt. Danach nur noch kurz mit Wasser ausspülen und gut abtrocknen. Das Eisen nach dem Spülen mit etwas Pflanzenöl einreiben, um die Schutzschicht zu erhalten.
TÖPFE UND PFANNEN MIT ANTIHAFT-BESCHICHTUNG	Vom Hersteller erfahren Sie, ob beschichtete Töpfe und Pfannen für die Spülmaschine geeignet sind. Wenn Sie sie schonen möchten, waschen Sie sie lieber von Hand.
TÖPFE UND PFANNEN AUS KUPFER	In der Spülmaschine verliert Kupfer seinen Glanz. Spülen Sie Kupfergeschirr per Hand in warmem Seifenwasser. Festgebackene Essensreste am besten in Wasser einweichen und nicht schrubben.
TÖPFE UND PFANNEN FÜR DEN TÄGLICHEN GEBRAUCH	Wenn Sie schon morgens beginnen, die Spülmaschine einzuräumen, bleibt abends nicht mehr viel Platz für Töpfe und Pfannen. Zwar sind normale Töpfe und Pfannen spülmaschinengeeignet, aber sie nehmen viel Platz weg. Außerdem werden angebrannte Essensreste nicht immer rückstandslos entfernt. Nehmen Sie sich also lieber etwas Zeit, um sie von Hand zu spülen.

074
EFFIZIENTER ABSPÜLEN

Es gibt zwar keine falsche Art, von Hand zu spülen, aber vielleicht gibt es doch eine etwas bessere Methode. Wenn Sie Ihre Effizienz beim Spülen steigern, haben Sie mehr Zeit und Energie für andere Aktivitäten.

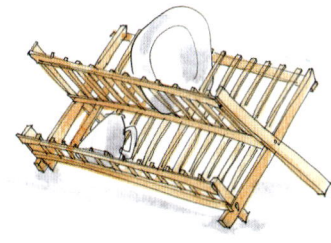

EINWEICHEN Die Spüle oder eine Plastikwanne mit heißem Seifenwasser füllen und das Geschirr einige Minuten einweichen lassen. Das löst Fett und angetrocknete Essensreste.

GRUPPIEREN Spülen Sie alles Geschirr einer Art (z. B. Teller, Schüsseln, Tassen, Besteck) hintereinander, anstatt die Gegenstände zufällig auszuwählen. Ähnliche Gegenstände kann man platzsparender auf dem Abtropfgestell anordnen.

ABWASCHEN Schrubben Sie das Geschirr im Seifenwasser. Das Wasser spült die gelockerten Speisereste fort. Das Wasser sollte so heiß sein, dass Sie es gerade noch ertragen können.

SPÜLEN Wenn Sie fertig sind oder ein Becken voller Geschirr abgespült haben, lassen Sie das Wasser ab und spülen Sie das Geschirr mit klarem Wasser, das sich wieder im Becken sammelt. Liegt das gewaschene Geschirr im Becken, entfernt das Spülwasser die mit dem Schwamm gelockerten Essensreste. Gibt es noch eine Ladung Geschirr zu spülen, geben Sie neues Geschirrspülmittel ins Wasser und spülen Sie dann weiter ab.

TROCKNEN Lassen Sie das Geschirr wenigstens kurz stehen, damit das meiste Wasser abfließen kann. Dann ist das Geschirrtuch beim Abtrocknen nicht innerhalb kürzester Zeit triefnass.

EINRÄUMEN Ein weiterer Vorteil des Spülens gleicher Geschirrarten: Sie können jede auf einmal an ihren Platz bringen und müssen nicht zwischen verschiedenen Fächern und Schubladen hin- und herlaufen.

075
DIE SPÜLMASCHINE REINIGEN

Ihre Spülmaschine ist eine große Hilfe beim Reinigen von Tellern, Gläsern, Besteck, Auflaufformen und Töpfen. Aber auch sie muss regelmäßig gereinigt werden. Lesen Sie sich die folgenden Punkte durch und prägen Sie sich die einfachen Tipps ein, damit jede Ladung Geschirr blitzsauber aus der Maschine kommt.

076
BEDIENFELD UND GRIFF ABWISCHEN

Wischen Sie das Bedienfeld und den Griff Ihrer Spülmaschine wenn nötig täglich ab. Hat das Gerät eine hölzerne oder lackierte Verkleidung, verwenden Sie dafür ein leicht feuchtes Tuch.

Reinigen Sie Edelstahl mit einem Mikrofasertuch und mildem Essigreiniger (siehe Nr. 104). Anschließend etwas Babyöl auf ein Mikrofasertuch geben und in Richtung der Maserung wischen. Das Tuch auf die andere Seite drehen und nachpolieren.

077
RICHTIG EINRÄUMEN

Moderne Geschirrspüler reinigen das Geschirr viel besser und hygienischer, als man es mit der Hand schafft, und sie verbrauchen außerdem weniger Wasser. Wenn das Geschirr nicht ganz sauber wird, obwohl die Maschine gereinigt ist (siehe Nr. 079), wurde das Geschirr vielleicht nicht richtig eingeräumt.

Wo Sie welches Geschirr platzieren, wirkt sich darauf aus, wie sauber es wird. Räumen Sie alles so ein, dass das Wasser überall hingelangt, und laden Sie die Maschine nicht zu voll, damit beim Spülen nichts beschädigt wird.

078
KEINE GERÜCHE

Geben Sie einmal im Monat 1 Tasse Branntweinessig auf den Boden der leeren Maschine und starten Sie das Intensivprogramm. Essig löst Fett, beseitigt Gerüche und desinfiziert.

Für extra Frische 1 Tasse Natron auf den Boden der Maschine streuen und die Maschine mit einem zweiten, kürzeren Programm durchlaufen lassen.

079
GRÜNDLICH REINIGEN

Alle sechs Monate sollten Spülmaschine und Filter gründlich gereinigt werden. Machen Sie das öfter, wenn das Geschirr nicht richtig sauber wird. Das könnte Ihnen sogar die Kosten für eine Reparatur ersparen. Auch wenn das Einweichen den Zeitaufwand verlängert, brauchen Sie für die Reinigung effektiv weniger als eine Stunde.

080
WASSERFLUSS BEACHTEN

Ganz gleich, ob Sie den oberen oder den unteren Korb befüllen, legen Sie das Geschirr immer mit der schmutzigen Seite zur Mitte und nach unten zu den Sprüharmen gewandt. Achten Sie darauf, dass das Wasser immer freie Bahn hat. Große Teller oder Auflaufformen gehören daher an den Rand der Körbe. Drehen Sie den oberen Sprüharm nach dem Einräumen, um sicherzugehen, dass er nicht blockiert wird. Geben Sie in den vorderen Bereich kein Geschirr, das den Spülmittelspender blockieren könnte.

SCHRITT EINS Nehmen Sie die Körbe aus der Maschine.

SCHRITT ZWEI Den Filter entfernen. Das geht meist leicht, schauen Sie bei Bedarf in der Bedienungsanleitung nach. Den Filter mit Seifenwasser reinigen und Essensreste im Sieb mit einer Zahnbürste wegschrubben.

SCHRITT DREI 2 Tassen Essig in die Spüle geben und mit heißem Wasser auffüllen. Lassen Sie Filter und Körbe darin mindestens eine Stunde, maximal über Nacht einweichen. Große Körbe kann man auch in der Badewanne einweichen.

SCHRITT VIER Verstopfte Löcher im Sprüharm vorsichtig mit einem Zahnstocher oder einem Stück Draht reinigen.

SCHRITT FÜNF Befeuchten Sie ein Tuch mit einer Lösung aus gleichen Teilen Essig und Wasser und wischen Sie damit die Innenflächen ab, bevor Sie Filter und Körbe wieder hineingeben.

Zwischen Tellern und Schüsseln, die senkrecht in der Maschine stehen, muss genug Platz sein, damit das Wasser durchfließen kann. Die Körbe mit den senkrechten Stäben sorgen für genügend Abstand, solange man nicht zu viele Teller hineinzwängt. In den oberen Korb kann man kleinere Schüsseln, Tassen und Gläser meist nach Belieben einräumen.

Die Gegenstände sollten sich nicht berühren, um den Wasserfluss nicht zu behindern. Außerdem könnten manche Teile sonst durch die Vibrationen beim Spülen zerbrechen. Stellen Sie Tassen so hinein, dass die Henkel nicht aus dem Korb ragen. Achten Sie darauf, die Maschine nicht zu überladen – sonst wird das Geschirr nicht richtig sauber und Sie müssen es erneut spülen.

081
BESTE ERGEBNISSE

Sie müssen das Geschirr nicht von Hand vorspülen, aber entfernen Sie Essensreste, die den Abfluss der Spülmaschine verstopfen könnten, sowie Proteine, etwa Ei oder Käse, da sie schnell antrocknen.

KÖRBE BEFÜLLEN Hersteller empfehlen meist, Besteck mit den Griffen nach unten einzuräumen, um es bestmöglich zu reinigen. Nur Gabeln, Messer und andere spitze Objekte sollten mit der Spitze nach unten in den Korb gestellt werden, um Verletzungen zu vermeiden. Löffel und Gabeln sollten nicht ineinandergelegt werden, sonst kommt kein Wasser dazwischen. Viele Körbe haben ein herausnehmbares Besteckfach mit Schlitzen, in denen das Besteck während des Spülvorgangs fixiert wird. Wenn Sie viel Besteck zu spülen haben, legen Sie zuerst das Besteckfach hinein und dann die Besteckteile einzeln in die Schlitze.

PROGRAMME NUTZEN Mithilfe der verschiedenen Programme können Sie Strom sparen und den Spülgang perfekt anpassen. Ist die Maschine noch nicht voll, kann das Vorspülprogramm schon Essensreste lösen.

082

WELCHE SPÜLE?

Wie bei Teppichen und Arbeitsflächen hängt die optimale Reinigung der Spüle vom Material ab. Mit den folgenden Tipps und den selbstgemachten Reinigungsmitteln sind Sie für alle Materialien gerüstet.

MATERIAL	TÄGLICH	TIPPS UND TRICKS	VORSICHT
EDELSTAHL	Ausspülen und mit Natron bestreuen. Mit mildem Essigreiniger (siehe Nr. 104) einsprühen, mit einem Schwamm schrubben und wieder ausspülen. Mit einem Tuch trockenwischen, damit keine Wasserflecken entstehen.	Die Spüle gelegentlich mit ein wenig Olivenöl und einem Tuch auswischen. Das verleiht ihr wieder neuen Glanz.	Ammoniak und Chlor sowie Scheuermittel und -schwämme vermeiden.
EMAIL-LIERTES GUSSEISEN	Nach jedem Abspülen mit mildem Geschirrspülmittel und heißem Wasser reinigen. Ausspülen und trockenwischen.	Flecken mit Natron bestreuen und mit einer Zitronenhälfte wegreiben. Ausspülen und trockenwischen.	Sofort entfernen, damit keine bleibenden Flecken entstehen: Teebeutel, Kaffee, Blaubeeren, Rotwein, Mayonnaise, Senf und Essiggurken.
FEUERTON	Milden Essigreiniger verwenden und mit einem Geschirrtuch nachtrocknen, damit keine Wasserflecken zurückbleiben.	Natron auf hartnäckige Flecken geben und mit einem weichen Schwamm wegreiben. Ausspülen und trockenwischen.	Grobe Scheuerpulver und handelsübliche Abflussreiniger sind nicht geeignet.
SOLID SURFACE (MINERAL-WERKSTOFF)	Mit warmem Seifenwasser und einem Schwamm reinigen. Ausspülen und trockenwischen. Kam die Spüle mit rohem Fleisch in Kontakt, Desinfektionsmittel (siehe Nr. 104) aufsprühen.	Flecken mit einem kratzfreien Schwamm und etwas Natron oder Essig entfernen.	Wasserflecken bilden einen unschönen Belag, daher die Spüle oft trockenwischen. Heiße Töpfe und Pfannen können Brandflecken hinterlassen.
GRANIT-KOMPOSIT UND QUARZ-KOMPOSIT	Nur milde (pH-neutrale) Seife und ein weiches Tuch verwenden. Nach jeder Benutzung gut ausspülen und mit einem Geschirrtuch trockenwischen.	Die Spüle einmal jährlich neu imprägnieren, um Fleckenbildung zu vermeiden.	Nahrungsmittel und kalkhaltiges Wasser können bleibende Flecken hinterlassen. Zitrone, Essig und Ammoniak greifen das Material an.
ACRYL-KOMPOSIT	Milde Seife und Wasser verwenden und immer gut ausspülen. Nach jeder Benutzung mit einem Tuch trockenwischen, damit keine Wasserflecken entstehen.	Für Flecken milden Essigreiniger verwenden.	Scheuermittel zerkratzen die Oberfläche. Heiße Töpfe hinterlassen Brandflecken.
SPECKSTEIN	Milde Seife und ein Schwamm helfen gegen den weißen Schleier, der sich bei kalkhaltigem Wasser oft bildet. Gut ausspülen und dann trockenwischen.	Den Stein alle 4–6 Wochen mit Olivenöl einreiben, 30 Minuten einziehen lassen, dann trockenpolieren.	Scheuermittel hinterlassen Kratzer. Zitronensaft und Essig greifen das Material an.
KUPFER	Mit milder Seife und einem Schwamm reinigen. Gut ausspülen und die Spüle dann mit einem Mikrofasertuch trockenwischen.	Neue Kupferspülbecken haben oft eine aufgetragene Patina, die durch zu viel Schrubben beschädigt wird.	Säure (z. B. Essig, Tomaten und Zitrusfrüchte) greift das Material an. Scheuermittel hinterlassen Kratzer.

083
KÜCHENABFÄLLE ZERKLEINERN

Ein Abfallzerkleinerer oder Müllschlucker im Abfluss ist unkompliziert, beseitigt Gerüche und hält den Abfluss sauber.

ZITRUSFRISCHE Werfen Sie immer, wenn Sie Zitrusfrüchte verwenden, einige Schalen in den Zerkleinerer. Geben Sie einmal in der Woche ein Zitronenstück oder eine Müllschlucker-Bombe (siehe Nr. 104) hinein und lassen Sie das Gerät kurz zusammen mit kaltem Wasser laufen, um die Klingen zu reinigen.

REINIGUNG Alle zwei Wochen ½ Tasse Natron in den Zerkleinerer geben und 1 Tasse Essig nachgießen. Das schäumt und vernichtet Bakterien. Durch das Aufschäumen lockern sich auch Schmutz- und Essensreste an schwer zu erreichenden Stellen. Zehn Minuten einwirken lassen und dann eine Kanne kochendes Wasser hinterhergießen.

EISREGEN Schütten Sie zweimal im Jahr einige Eiswürfel und anschließend 1 Tasse Steinsalz in den Zerkleinerer. Dann das Kaltwasser aufdrehen und den Müllschlucker einschalten. Die rotierenden Klingen machen aus dem Eis und dem Salz einen regelrechten Splitterregen, der die Innenflächen und die Klingen wie von selbst gründlich reinigt.

084
PFLEGE DES MÜLLSCHLUCKERS

Lassen Sie kaltes Wasser laufen, bevor Sie den Zerkleinerer einschalten, während er läuft und auch nach dem Ausschalten. Das Wasser spült Essensreste zu den Klingen, schiebt Nahrungspartikel weiter (damit der Abfluss nicht verstopft) und härtet Stoffe, die in heißem Zustand flüssig sind (etwa Fett oder Käse). Es ist besser, wenn kleine, feste Stücke in den Zerkleinerer gelangen. Flüssigkeiten kühlen sonst erst später ab und können das Abflussrohr verstopfen. Chemikalien wie Abflussreiniger oder Chlor gehören nicht in den Müllschlucker. Sie können Klingen, Dichtungen und Rohre beschädigen.

Nicht zu viel Abfall auf einmal in den Zerkleinerer geben. Warten Sie, bis er fertig ist, bevor Sie »nachladen«. Ist der Zerkleinerer verstopft, stecken Sie ihn aus oder schalten Sie den Strom ab. Greifen Sie niemals in die Klingen, während das Gerät am Strom hängt, selbst wenn niemand in der Nähe des Schalters ist.

Bleibt der Zerkleinerer stehen, bevor er fertig ist, entfernen Sie die Essensreste mit einer Küchenzange. Lange Fasern oder ein verlorenes Gummiband können Sie mit einer Spitzzange herausziehen. Seien Sie dabei immer vorsichtig!

085
IN DEN MÜLL

Manche Abfälle eignen sich nicht für den Müllschlucker, da sie den Abfluss verstopfen oder das Gerät beschädigen können. Die folgenden Abfälle sollten anderweitig entsorgt werden.

HAUSMÜLL
Öle und Fette Fett aus der Pfanne, Frittieröl und andere Fette in leere, verschließbare Flaschen gießen. Die vollen Flaschen wegwerfen.

Knochen Sie machen die Klingen stumpf und verstopfen die Rohre.

Nudeln und Reis Durch das Wasser im Zerkleinerer quellen sie tief im Abflussrohr auf und bilden einen Klumpen, der das Rohr verstopft.

BIOTONNE ODER KOMPOST
Eierschalen Sie werden nicht komplett zerkleinert und können das Abflussrohr verstopfen.

Kerne und Samen Kerne und sogar kleine Samen sind für die feinen Klingen des Müllschluckers zu hart.

Sellerie, Kohl, Rhabarber Zähe Pflanzenfasern können sich um die Klingen wickeln und den Zerkleinerer zum Stillstand bringen.

Kartoffel- und Karottenschalen Größere Mengen an Gemüseschalen bilden Klumpen, die der Zerkleinerer nicht mehr schneiden kann. Das kann zu einer Verstopfung führen oder das Gerät stoppen.

Zwiebel- und Knoblauchhäute Die feinen Häute sind zu dünn, um von den Klingen erfasst zu werden. Oft bleiben sie im Rohr kleben.

086
ARMATURENPFLEGE

Wenn Sie Ihre Küchenarmaturen täglich mit einem Geschirrtuch abwischen, behalten sie ihren Glanz. Die meisten moderneren Wasserhähne, Knöpfe, Hebel und anderen Elemente haben eine Beschichtung, die vor Flecken und Rost schützt. Es genügt, sie nach jeder Benutzung mit einem Tuch von Fingerabdrücken und Wasserflecken zu befreien. Wasser und Seifenreste, die länger am Material haften, können die Beschichtung mit der Zeit angreifen.

SCHUTZ Schützen Sie die Beschichtung, denn ist sie erst einmal beschädigt, kann das Grundmaterial oxidieren und sich verfärben. Meiden Sie Scheuermittel und -schwämme, Chlor, Ammoniak, Reinigungsalkohol, Säuren, Flecken- und Rostentferner und andere aggressive Reiniger. Viele Hersteller verwenden für Armaturen aus Messing, Kupfer, Bronze, Edelstahl, Chrom oder Nickel eine PVD-Vakuumtechnologie oder bringen eine hauchdünne Schutzschicht auf. Darum ist es manchmal unmöglich festzustellen, ob eine Armatur beschichtet ist oder nicht.

ANLEITUNG Wenn Sie die Marke Ihrer Armatur kennen, suchen Sie auf der Hersteller-Website nach einer Pflegeanleitung. Wenn Sie nicht wissen, um welches Material es sich handelt, aber dennoch Wasser- und angetrocknete Seifenflecken entfernen möchten, verwenden Sie warmes Seifenwasser. Gut abspülen und die Armatur mit einem Mikrofasertuch trockenwischen. Schmutz zwischen den Verbindungselementen mit einer weichen Zahnbürste entfernen.

087
LEBENDES MATERIAL

Messing, Kupfer und Bronze ohne Beschichtung sind »lebendes« Material, das mit der Zeit eine wunderbare Patina entwickelt. Halten Sie diese Armaturen frei von Wasserflecken und Seifenresten.

088
ALTE ARMATUREN SCHONEND PUTZEN

Ältere, unbeschichtete Armaturen können durch Scheuerschwämme zerkratzt werden. Verwenden Sie daher nur weiche Putztücher und Schwämme.

SCHRITT EINS Mit Seifenwasser reinigen, mit einem weichen Tuch nachwischen, abspülen und trockenwischen.

SCHRITT ZWEI Mit mildem Essigreiniger (siehe Nr. 104) säubern und mit einem Mikrofasertuch gut nachwischen.

SCHRITT DREI Natron ist ein mildes Scheuermittel. Natron aufstreuen und einige Minuten einwirken lassen. Gut abspülen, trockenwischen und polieren. Bei Bedarf wiederholen.

SCHRITT VIER Bei starkem Schmutz eine Paste aus Natron und mildem Essigreiniger anmischen. Auftragen und fünf Minuten einwirken lassen. Abspülen, trockenwischen, polieren.

089
VERSIEGELTE ARBEITSFLÄCHEN

Arbeitsplatten aus Stein gibt es in vielen Farben und Mustern. Edler Marmor, gesprenkelter Granit, nuancierter Kalkstein mit eingeschlossenen Fossilien und die individuelle Oberfläche von Beton haben alle ihren Reiz – aber auch Nachteile: Das porige Material ist besonders anfällig für Flecken und muss jedes Jahr neu versiegelt werden, um zumindest für ein bisschen Schutz zu sorgen.

Selbst in versiegeltem Zustand sind diese Arbeitsflächen sehr empfindlich. Beachten Sie daher die folgenden Tipps.

VORSICHT Säuren, etwa von Tomaten, Zitrusfrüchten, Rot- und Weißwein, sowie Tee und Kaffee können die Versiegelung angreifen und das Material verätzen. Scheuermittel, heiße Pfannen und Essiglösungen können die Oberfläche beschädigen.

ABWISCHEN Für die tägliche Reinigung genügen etwas Spülmittel und ein Mikrofasertuch. Gut trockenwischen, damit keine Wasserflecken entstehen.

SÄUBERN Flecken behandeln Sie am besten mit einer Paste aus Natron und Wasser. Auftragen, mit Frischhaltefolie bedecken (die Ecken mit Klebeband fixieren) und 24 Stunden einwirken lassen. Das Natron zieht den Schmutz aus dem Stein. Danach mit Seifenwasser reinigen, mit klarem Wasser nachwischen und anschließend trockenwischen.

VERSIEGELN Die meisten Versiegelungsmittel sind einfach anzuwenden. Der Stein muss zuvor gründlich gereinigt werden. Nach dem Auftragen dauert es eine Weile, bis das Mittel in den Stein eingezogen ist. Beachten Sie die Hinweise in der Bedienungsanleitung.

090
UNVERSIEGELTE ARBEITSFLÄCHEN

BAMBUS Täglich feucht abwischen. Für eine gründlichere Reinigung genügt meist Seifenwasser. Flecken mit einer Paste aus Salz und Wasser und mit einem weichen Schwamm behandeln. Abwischen. Bei Bedarf wiederholen.

MASSIVHOLZ Mit mildem Essigreiniger abwischen – nicht zu nass machen, sonst verzieht sich das Holz. Mit einem Mikrofasertuch trockenwischen. Flecken mit Salz bestreuen, mit einer Zitronenhälfte einreiben und einige Minuten einwirken lassen. Mit Wasser abwischen und dann trockenwischen. Das Holz zum Schutz alle sechs Monate mit etwas Speiseöl einreiben.

KERAMIKFLIESEN Säure und starkes Schrubben machen die Fliesen matt. Putzen Sie daher nur mit Seifenwasser und einem Mikrofasertuch. Dann trockenwischen und mit einem trockenen Tuch nachpolieren. Einmal wöchentlich Desinfektionsmittel (siehe Nr. 104) auf die Fugen sprühen, einige Minuten einwirken lassen und mit einer Fugen- oder Zahnbürste schrubben. Mit heißem Wasser abwischen und mit einem Mikrofasertuch trockenwischen.

QUARZ-KOMPOSIT Flecken nicht antrocknen lassen. Mit einem feuchten Mikrofasertuch wegwischen, mit klarem Wasser nachwischen und dann trockenwischen, damit keine Wasserflecken entstehen. Angetrocknete Essensreste mit einem Löffel vorsichtig wegkratzen. Mit einem weichen Schwamm und Seifenwasser reinigen.

LAMINAT Seifenwasser und ein Mikrofasertuch für die tägliche Reinigung verwenden. Gründlicher geht es mit Natron, Wasser und einer weichen Bürste.

VULKANGESTEIN Allzweckreiniger (siehe Nr. 104) und ein Mikrofasertuch verwenden. Wöchentlich mit Desinfektionsmittel einsprühen.

PAPIER Schichtstoffplatten aus recyceltem Papier gibt es mit verschiedenen versiegelten und unversiegelten Oberflächen, die unterschiedlich gereinigt werden müssen. Wischen Sie sie täglich mit Seifenwasser ab und lesen Sie die Pflegehinweise des Herstellers.

RECYCLINGGLAS Ist das Glas in Acryl eingelassen, einfach mit Seifenwasser reinigen. Säuren, etwa von Zitrusfrüchten, sofort wegwischen. Bei Glas in Beton die Hinweise unter Nr. 089 beachten.

SCHIEFER UND SPECKSTEIN Diese porenfreien Steine einfach mit Wasser reinigen und trockenwischen.

SOLID SURFACE Ein Verbundwerkstoff, der auch unter dem Namen Corian und anderen Markennamen bekannt ist. Hier genügt meist etwas Seifenwasser. Flecken mit Natron einreiben, wegwischen und dann trockenwischen.

EDELSTAHL Mit mildem Essigreiniger (siehe Nr. 104) einsprühen und mit einem Mikrofasertuch in Richtung der Maserung abwischen. Scheuermittel und -schwämme hinterlassen Kratzer. Flecken mit einer Paste aus Natron und Wasser in Richtung der Maserung einreiben, abwischen und dann trockenwischen.

Vorsicht!
Heiße Töpfe und
Pfannen hinterlassen
auf vielen Flächen Brand-
flecken. Lässt man sie
fallen, zerkratzen sie
die Oberflächen.

Schneidebretter
schützen Ihre
Arbeitsflächen vor
Flecken, Schnitten
und Kratzern.

091 SAUBERE BRETTER

Schneidebretter schützen Ihre Arbeitsplatte vor Schnitten, aber vor allem können sie Ihre Familie vor einer Lebensmittelvergiftung bewahren. Verwenden Sie zwei Schneidebretter: eines aus Holz für Obst, Gemüse und Brot und eines aus Plastik für Fleisch.

Schneiden Sie rohes Fleisch niemals auf einem Holzbrett. Bakterien können in das Holz eindringen und so auf das nächste Nahrungsmittel, das auf dem Brett geschnitten wird, gelangen.

HOLZ VON HAND SPÜLEN In der Spülmaschine können Hitze und Dampf das Holz verziehen und beschädigen. Spülen Sie Holzbretter daher immer von Hand mit einer harten Bürste und Seifenwasser. Dann mit mildem Essigreiniger (siehe Nr. 104) einsprühen. Einige Minuten einwirken lassen. Der Essig tötet Keime, Bakterien und Sporen. Das Brett gründlich mit Wasser abspülen und trocknen lassen. Es muss komplett trocknen, da auf feuchtem Holz Bakterien gedeihen können.

PLASTIK IN DIE MASCHINE Bretter aus Kunststoff vertragen die Hitze und das starke Reinigungsmittel in der Spülmaschine. Spülen Sie die Bretter vorher ab, um Essensreste und Bakterien zu entfernen. Diese Bretter sind sehr leicht zu reinigen, aber sie nutzen sich schnell ab und die Schnittspuren sind der perfekte Nährboden für Keime. Wechseln Sie die Bretter daher alle paar Jahre aus. Es kann sein, dass Sie die Schneidebretter schon vor dem Trockengang aus der Spülmaschine nehmen müssen, da sich der Kunststoff durch die Hitze verbiegen kann. Beachten Sie daher beim Kauf von Schneidebrettern die Pflegehinweise.

092 FRISCHE FÜR DIE KAFFEEMASCHINE

Obwohl jede Tasse Kaffee mit kochendem Wasser und scheuerndem Kaffeepulver zubereitet wird, muss die Kaffeemaschine gereinigt werden. In ihrem Inneren können Bakterien und Schimmel gedeihen. Reinigen Sie die Maschine einmal im Monat, um das zu vermeiden. So schmeckt auch der Kaffee noch besser. Die folgenden Tipps beziehen sich auf Filtermaschinen. (Andere Geräte einfach nach der jeweiligen Bedienungsanleitung reinigen.)

SCHRITT EINS Die Kanne und den Filtereinsatz mit warmem Seifenwasser reinigen. Die Maschine außen mit mildem Essigreiniger (siehe Nr. 104) einsprühen und abwischen.

SCHRITT ZWEI Zu gleichen Teilen Essig und Wasser in die Kanne geben und in den Wasserbehälter füllen. Einen Papier- oder Dauerfilter einlegen, um Schmutz aufzufangen. Dann den Brühvorgang starten.

SCHRITT DREI Den Brühvorgang nach der halben Zeit für eine Stunde stoppen und danach weiterlaufen lassen.

SCHRITT VIER Die Kanne ausspülen und den Wasserbehälter mit frischem Wasser füllen. Noch einen Brühvorgang starten. Wenn es noch nach Essig riecht, ein drittes Mal durchlaufen lassen.

093 MESSERBLOCK SAUBERMACHEN

Messer reinigt man nach jedem Gebrauch – aber was ist mit dem Messerblock? In den Schlitzen sammeln sich Staub und Krümel. Halten Sie daher gelegentlich den Staubsauger auf hoher Stufe über die Schlitze. Die Außenflächen wie Holzbretter reinigen (siehe Nr. 091).

094 REINIGUNG DES TOASTERS

Ein Toaster ist einfach zu reinigen. Einfach den Stecker ziehen, alle Einsätze entnehmen und ausleeren (vor allem das Krümelfach unten). Die Einsätze dann in heißem Seifenwasser einweichen. Die Außen- und Innenflächen des Toasters mit mildem Essigreiniger (siehe Nr. 104) einsprühen und mit einem feuchten Tuch abwischen.

Tipp

SPRAY FÜR OBST UND GEMÜSE

Säubern Sie Obst und Gemüse mit diesem ungiftigen Spray: 1 Tasse Wasser, 1 Tasse Branntweinessig und 10 Tropfen Zitronenöl in einer Sprühflasche gut vermischen. Obst und Gemüse vor dem Essen damit einsprühen und gut abwaschen.

095 PFLEGE FÜR DIE KÜCHENMASCHINE

Reinigen Sie Ihre Küchenmaschine nach jedem Gebrauch. Entfernen Sie die Rührschüssel und anderes Zubehör. Weichen Sie alle Teile in warmem Seifenwasser ein. Nach zehn Minuten mit einem Mikrofasertuch oder einem Schwamm reinigen. Den Sockel der Maschine mit mildem Essigreiniger (siehe Nr. 104) einsprühen und mit einem Mikrofasertuch abwischen. Alle Teile trocknen lassen und wieder an der Maschine anbringen.

096 MIXER REINIGEN

Mixer sind einfach zu reinigen: Heißes Wasser in den Behälter gießen, zwei Spritzer Spülmittel hineingeben, den Deckel daraufgeben und 10–15 Sekunden mixen. Das schmutzige Wasser weggießen, gut ausspülen und das Gerät trocknen lassen.

GRÜNDLICH REINIGEN Wenn Sie den Mixer täglich für Smoothies und Suppen verwenden, sollten Sie ihn einmal pro Woche gründlich reinigen. Die herausnehmbare Gummidichtung und die Klinge in Wasser einweichen. Den Sockel mit mildem Essigreiniger (siehe Nr. 104) einsprühen und mit einem Mikrofasertuch abwischen.

097 UMGANG MIT HOCHLEISTUNGS-MIXERN

Mittlerweile hat eine neue Generation besonders starker Mixer den Markt erobert. Ihr Motor ist kraftvoll genug, um selbst Grünkohl und andere zähe Fasern zu Saft zu verarbeiten. Außerdem kann er ein Leben lang halten. Pflegen Sie daher die Behälter und anderen Teile, damit Sie auch am Zubehör lange Freude haben.

Lesen Sie vor der ersten Reinigung die Bedienungsanleitung. Manche Klingen, Behälter und Deckel können im oberen Fach der Spülmaschine gewaschen werden, bei manchen Geräten raten die Hersteller davon ab.

TÄGLICH Angetrocknete Essensreste können die Klingen und den Behälter beschädigen. Spülen Sie den Behälter daher nach jedem Gebrauch kurz mit warmem – nicht zu heißem – Wasser aus. Füllen Sie den Mixbehälter etwa bis zur Hälfte mit Wasser und geben Sie 1–2 Tropfen Spülmittel hinein. Dann 30–60 Sekunden lang mixen, erneut ausspülen und trocknen lassen.

MONATLICH Alle 1–2 Monate den Behälter zur Hälfte mit Essig füllen und dann bis oben mit Wasser auffüllen. Einen halben Tag einwirken lassen. Ausspülen und wie oben beschrieben reinigen.

GRÜNDLICH Ist der Mixer täglich im Einsatz, kann es sein, dass sich der Behälter verfärbt: Mineralien aus Früchten und Gemüse bilden Ablagerungen, die Sie jedoch leicht entfernen können. Gießen Sie 1 Tasse Essig in den Behäl-

098 ENTSAFTER

Elektrische Entsafter sind leicht zu reinigen. Gehen Sie nach jedem Gebrauch auf folgende Weise vor:

SCHRITT EINS Den Stecker ziehen und alle abnehmbaren Teile entfernen.

SCHRITT ZWEI Fruchtfleisch und Samen in den Biomüll geben.

SCHRITT DREI Alle abnehmbaren Teile abspülen und in warmem Seifenwasser einweichen.

SCHRITT VIER Zwischenräume und das Sieb mit einer Zahnbürste reinigen. Bei hartnäckigen Resten im Sieb etwas Natron in die Seifenlösung geben und zehn Minuten länger einweichen lassen.

SCHRITT FÜNF Unter klarem Wasser abspülen, trocknen lassen und die Teile wieder einsetzen.

ter. Mit Wasser auffüllen und einige Stunden oder über Nacht stehen lassen. Hartnäckige Ablagerungen bei Bedarf mit einem weichen Schwamm wegschrubben – aber Vorsicht bei den Klingen!

099

SAUBERKEIT IM KÜCHENSCHRANK

Fett und Küchendünste lagern sich auch in den Küchenschränken ab. Wischen Sie diese daher einmal in der Woche mit warmem Seifenwasser aus. Spritzer und Verschüttetes am besten sofort entfernen. Prüfen Sie täglich, ob Sie auch keine Flecken übersehen haben. Räumen Sie zweimal im Jahr alle Schränke aus und wischen Sie die Fächer gründlich sauber, um Krümel und kleinere Verunreinigungen zu beseitigen.

100

NEUER GLANZ FÜR SCHRANKTÜREN

Schranktüren aus unbehandeltem und lackiertem Holz, Laminat oder Edelstahl benötigen nur wenige Minuten Pflege, um glänzend zu bleiben. Meiden Sie raue Schwämme, Bürsten und Scheuermittel, die das Material zerkratzen und stumpf machen könnten.

SCHRITT EINS Ein Mikrofasertuch mit einer Lösung aus Kastilienseife und warmem Wasser besprühen und Türen und Schubladen abwischen.

SCHRITT ZWEI Erst mit einem sauberen feuchten, dann mit einem trockenen Tuch nachwischen.

SCHRITT DREI Mit einer Zahnbürste Schmutz aus Scharnieren und Verbindungselementen entfernen.

Tipp

KEIMFREIE SCHWÄMME

Schwämme werden oft so schmutzig, dass es nicht genügt, sie auszuwaschen. Waschen Sie sie daher im oberen Korb der Spülmaschine mit. Oder drücken Sie sie aus und legen Sie sie für etwa vier Minuten in die Mikrowelle: Die Hitze tötet die meisten Bakterien.

101
FÄCHER REINIGEN

In Fächern, Schubladen und Vorrats-schränken gibt es Bereiche, die leicht übersehen werden. Am schlimmsten ist es meist in der »Kramschublade« und im Fach unter der Spüle, aber auch andere Fächer müssen mehrmals im Jahr gereinigt werden, damit sich der Schmutz nicht unbemerkt breit-macht. Bei der Gelegenheit lohnt es sich, all diese Bereiche zu entrümpeln. Wenn Sie sich nicht von Ihren selten benutzten Küchengeräten trennen können, räumen Sie sie in ein Fach oder eine Schublade am Rand des Arbeitsbereichs.

LEEREN Öffnen Sie alle Türen und Fächer und nehmen Sie alles heraus. Ordnen Sie die Gegenstände so an, wie Sie sie wieder einräumen wollen, und verstauen Sie sie in Behältern.

REINIGEN Saugen Sie alle Fächer und Schubladen gründlich mit dem Staubpinsel-Aufsatz aus. Die Fächer dann mit einem weichen Tuch oder Schwamm und Allzweckreiniger (siehe Nr. 104) auswischen.

SCHRUBBEN Ränder und Ritzen mit einer Zahnbürste schrubben, bevor Sie den Reiniger mit einem Tuch und klarem Wasser wegwischen.

ABWISCHEN Wischen Sie bei der Gelegenheit alle Küchengeräte mit mildem Essigreiniger (siehe Nr. 104) gründlich ab.

EINRÄUMEN Schubladen und Fächer komplett trocknen lassen, bevor Sie sie wieder einräumen. Putzen Sie Ihre Spei-sekammer auf die gleiche Weise.

102
FLECKEN RASCH ENTFERNEN

Halten Sie die Fächer in der Küche immer sauber, damit sich Verunrei-nigungen nicht auf Gläser, Kartons, Dosen und Flaschen im betreffenden Fach übertragen. Die Art des Flecks bestimmt Ihr weiteres Vorgehen.

FETTIG Milden Essigreiniger (siehe Nr. 104) verwenden. Essig löst Fett, sodass der Fleck leicht mit einem Mikrofasertuch entfernt werden kann.

Manchmal muss der Reiniger zwei-mal angewendet werden, da man beim ersten Wischen zwar das meiste Fett aufnimmt, die Reste aber verteilt.

KLEBRIG Erdnussbutter oder Honig entfernen Sie am besten mit etwas Eis: Dieses in eine Plastiktüte geben und auf den Fleck halten, bis er hart wird. Dann mit einem Plastiklöffel abschaben.

FARBIG Bei Saft- oder Weinflecken einen leicht feuchten Schwamm mit reichlich Natron bestreuen und auf den Fleck drücken. So oft wie nötig wiederholen. Das Natron komplett wegwischen und den Bereich gründ-lich trockenwischen.

103
SAUBERE GRIFFE

Die Griffe von Schranktüren und Schubladen werden ständig angefasst und sind Schmutz und Fett von den Händen ausgesetzt. Griffe werden aber auch leicht übersehen, da vor allem die Innenseite der Griffe berührt wird und

sich so dort der meiste Schmutz und Dreck ablagert.

Reinigen Sie Griffe mit heißem Seifenwasser und einem feuchten Tuch. Dann mit einem zweiten Tuch trockenwischen und polieren. Im Winter, während der Erkältungszeit, können Sie die Griffe mit Desin-fektionsmittel (siehe Nr. 104) ein-sprühen, um Keime abzutöten.

104 REINIGER FÜR DIE KÜCHE

Diese einfachen Rezepte für selbstgemachte natürliche Reinigungsmittel sorgen für eine reine, duftende Küche.

ALLZWECKREINIGER

2 TL Borax, ¼ TL Kastilien-Flüssigseife, 10 Tropfen Zitronenöl

Alle Zutaten mit heißem Wasser in einer 500-ml-Sprühflasche vermischen.

DESINFEKTIONSMITTEL

2 EL Kastilien-Flüssigseife, 20 Tropfen Teebaumöl

Seife und ätherisches Öl mit heißem Wasser in einer 500-ml-Sprühflasche vermischen.

MÜLLSCHLUCKER-BOMBEN

(Für 24 Bomben) ½ Tasse Zitronensäure, 1½ Tassen Natron, 30 Tropfen Orangenöl

Alle Zutaten in einer Schüssel gut vermischen. Mit einer Sprühflasche etwas Wasser hineinsprühen – gerade so viel, dass die Mischung klebrig wird. Die Paste mit einem Esslöffel zu kleinen Kugeln formen und über Nacht auf einem Backblech trocknen lassen. Die Bomben in einem luftdichten Behälter aufbewahren.

MILDER ESSIGREINIGER

1 Teil Essig, 2 Teile Wasser, 5 Tropfen Lavendelöl

Essig und Wasser in einer 500-ml-Sprühflasche vermischen. Wenn Sie den Geruch von Essig nicht mögen, können Sie fünf Tropfen ätherisches Öl hinzugeben. Ich mag Lavendel-, Grapefruit-, Orangen-, Zitronen- oder Pfefferminzöl.

KÜCHE
Checkliste

Zuerst sagt man: »Den Teller spüle ich später.« Später sind es dann schon zwei Teller – und dann vier Schüsseln, drei Gläser und ein Haufen Besteck. Kümmern Sie sich immer sofort um schmutziges Geschirr, Spritzer auf dem Herd und andere kleine Verunreinigungen, bevor daraus ein einziges großes Chaos wird.

Die Zahlen beziehen sich auf die Einträge, nicht auf die Seitenzahlen. Achten Sie darauf, wenn Sie Informationen zu bestimmten Materialien oder Methoden nachschlagen möchten.

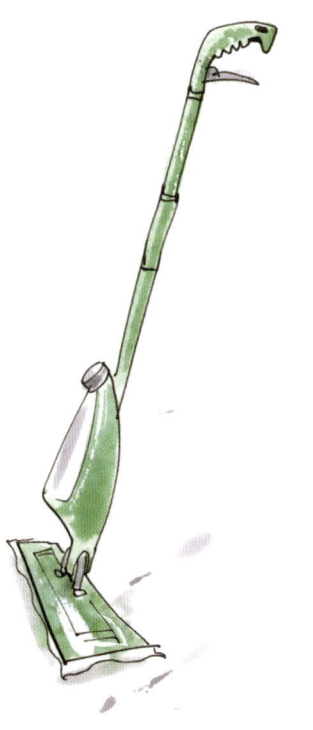

TÄGLICH

- ☐ Böden fegen oder saugen *30*
- ☐ Flächen und Tische abwischen *89*
- ☐ Kochfeld abwischen *68*
- ☐ Geschirr spülen *73*
- ☐ Spülmaschine einräumen *77*
- ☐ Spülmaschine abwischen *76*
- ☐ Spüle putzen *82*
- ☐ Armaturen reinigen *86*
- ☐ Kleine Geräte reinigen *92*
- ☐ Geschirrtücher auswechseln *59*

WÖCHENTLICH

- ☐ Sichtschutz abstauben *14*
- ☐ Türen und Leisten abstauben *18*
- ☐ Lichtschalter putzen *19*
- ☐ Wände und Decken abstauben *20*
- ☐ Böden wischen *31*
- ☐ Lampen und Kronleuchter abstauben *52, 56*
- ☐ Kühlschrank innen und außen reinigen *61*
- ☐ Kochfeld putzen *68*
- ☐ Müllschlucker spülen *83*
- ☐ Schranktüren abwischen *100*
- ☐ Griffe desinfizieren *103*
- ☐ _____
- ☐ _____
- ☐ _____

MONATLICH

- ☐ Sichtschutz absaugen *14*
- ☐ Mülleimer säubern *28*
- ☐ Türgriffe reinigen *29*
- ☐ Mikrowelle dampfreinigen *67*
- ☐ Spülmaschine innen reinigen *78*
- ☐ Müllschlucker reinigen *83*
- ☐ Kleine Geräte gründlich reinigen *92*
- ☐ Griffe reinigen *103*
- ☐ _____

HALBJÄHRLICH (FRÜHJAHR UND HERBST)

- ☐ Fenster putzen *12*
- ☐ Sichtschutz gründlich reinigen *14*
- ☐ Türen und Leisten reinigen *18*
- ☐ Wände reinigen *20*
- ☐ Lampen, Deckenleuchten, Kronleuchter und Wandleuchten reinigen *54, 56, 57*
- ☐ Kühlschrank und Gefriertruhe gründlich reinigen *61*
- ☐ Einlegematten auswechseln *61*
- ☐ Kondensator reinigen *63*
- ☐ Herd gründlich reinigen *66*
- ☐ Dunstabzug reinigen *72*
- ☐ Spülmaschine und Filter gründlich reinigen *79*
- ☐ Müllschlucker schrubben *83*
- ☐ Messerblock saubermachen *93*
- ☐ Küchenschränke und Speisekammer putzen *99*
- ☐ Fächer und Schubladen innen reinigen *101*
- ☐ Arbeitsplatten versiegeln *89*
- ☐ _____

Badezimmer

Mit einem Putzplan halten Sie das Badezimmer ganz einfach sauber. Erklären Sie ihn auch Ihren Kindern, damit sie lernen, den Raum ordentlich zu hinterlassen. Wenn Sie natürliche Putzmittel verwenden, müssen Sie sich auch keine Sorgen mehr wegen schädlicher Chemikalien machen. In diesem Kapitel erfahren Sie, wie Sie Schimmel, Schmutz und Wasserflecken im Badezimmer effektiv bekämpfen. Außerdem stelle ich Ihnen verschiedene Materialien vor, aus denen Badewannen, Waschtische und Waschbecken bestehen können, und zeige Ihnen, wie man sie am besten reinigt. Hier finden Sie außerdem Tipps und Tricks zur Reinigung von Handtüchern und Badematten, zur Beseitigung von Gerüchen und zu vielen anderen wichtigen Themen. Zum Abschluss empfehle ich Ihnen einige Strategien, um die Übertragung von Krankheitserregern in der Erkältungszeit zu vermeiden.

Ein aufgeräumtes Badezimmer ist nicht nur leichter zu reinigen, es sieht auch viel sauberer aus, wenn nicht alle Flächen vollgeräumt sind.

105
MORGENS SCHON SAUBER

In einem sauberen, aufgeräumten Badezimmer beginnt man den Tag viel motivierter. Erledigen Sie daher jeden Abend und jeden Morgen die folgenden kurzen Aufgaben. Erobern Sie sich Ihren Platz im Bad zurück und starten Sie mit einem befriedigenden Gefühl in den Tag.

- ☐ Wasserhähne, Waschbecken und Waschtische kurz abwischen.
- ☐ Toiletten abwischen.
- ☐ Die Dusche nach dem Duschen mit einem Abzieher von Seifen- und Wasserrückständen befreien.
- ☐ Schmutzwäsche in den Wäschekorb geben.

Tipp

FARBLICH TRENNEN

Mikrofasertücher sind saugfähiger als andere Lappen oder Schwämme. Verwenden Sie für die allgemeine Badezimmerreinigung eine anderes Tuch als für die Toilette. Mein WC-Tuch hat auch eine andere Farbe, damit ich die Tücher nicht verwechsle. Und ich habe ein zweites Paar Gummihandschuhe in der Farbe des WC-Tuchs. Die Putztücher aus dem Badezimmer gebe ich nicht in den Wäschekorb. Ich werfe sie direkt in die Waschmaschine und wasche sie separat.

106
PUTZSET FÜR DAS BADEZIMMER

Stehen Ihre Putzmittel griffbereit, steigt die Wahrscheinlichkeit, dass Sie sie auch wirklich benutzen. Stellen Sie den Badreiniger zu Shampoo und Seife in die Dusche. Alles andere kommt unter das Waschbecken oder in einen Badezimmerschrank. Bei Platzmangel können Sie Ihr Putzset auch in einem schicken Korb verstauen. Es sieht schöner aus, wenn der Korb etwas höher ist als die größte Flasche darin.

- ☐ Allzweckreiniger
- ☐ Desinfektionsmittel
- ☐ Glasreiniger
- ☐ milder Essigreiniger
- ☐ Gummihandschuhe für die allgemeine Reinigung
- ☐ Gummihandschuhe in einer anderen Farbe für das WC
- ☐ WC-Bomben
- ☐ Bad- und Fliesenreiniger

107
FRISCHE IM BAD

Das Badezimmer ist kein Ort für empfindliche Nasen: Feuchte Handtücher, Schmutzwäsche und die tägliche Benutzung hinterlassen Gerüche. Sorgen Sie dafür, dass Ihr Bad so rein duftet, wie es aussieht. Schalten Sie die Lüftung an, wenn Sie im Bad sind, um Feuchtigkeit und Bakterien in der Luft zu vermindern. Öffnen Sie so oft wie möglich ein Fenster, damit der Dampf abziehen kann.

GERÜCHE Eine hübsche Schale gefüllt mit Natron absorbiert Gerüche.

MÜLL Einen Mülleimer mit Deckel besorgen und oft leeren.

GÄSTE Wenn Sie Besuch haben, stellen Sie frische Blumen ins Bad oder zünden Sie eine Duftkerze an.

DUFT Ein paar Tropfen eines ätherischen Öls seitlich auf die Toilettenpapierrolle träufeln. Jedes Mal, wenn Sie Papier abrollen, wird ein wenig von dem frischen Duft freigesetzt.

108
ORDNUNG IM MEDIZINSCHRANK

Der Medizinschrank im Badezimmer beherbergt meist viel Kleinkram – und eine schmierige Schicht aus Feuchtigkeit und Staub. Verpassen Sie ihm eine gründliche Reinigung!

AUSSORTIEREN Alles aus dem Schrank herausnehmen. Werfen Sie weg, was Sie nicht mehr brauchen – auch Cremeproben, alte Parfums und überflüssige Kosmetikprodukte. Wenn Sie ein Produkt ein Jahr lang nicht verwendet haben, werden Sie es wahrscheinlich nicht vermissen.

DESINFIZIEREN Das Innere des Schranks mit Desinfektionsmittel (siehe Nr. 149) einsprühen und alle Fächer und Ecken sauber auswischen. Herausnehmbare Einlegeböden aus Glas herausnehmen und mit Glasreiniger putzen (siehe Nr. 149).

EINRÄUMEN Alles einräumen, was noch benötigt wird – auch die Behälter mit dem ganzen Kleinkram, die sonst oft den Waschtisch überladen. Alle Produkte, die regelmäßig verwendet und alle 3–6 Monate erneuert werden, sind nicht lange genug im Badezimmer, um durch die Feuchtigkeit Schaden zu nehmen. Das betrifft zum Beispiel Zahnpasta, Deo, Rasierschaum, Bodylotion und Hautcremes.

109
ARZNEIEN SICHER AUFBEWAHREN

Das Badezimmer ist kein geeigneter Ort für Medikamente. Der Wasserdampf aus Dusche und Badewanne kann ihre Wirkung beeinträchtigen. Nehmen Sie alle Medikamente aus dem Badezimmerschrank, prüfen Sie das Ablaufdatum und entsorgen Sie abgelaufene Arzneimittel. (Aber auf keinen Fall in der Toilette, sondern in einer Apotheke!) Lagern Sie freiverkäufliche Arzneimittel, Vitamine und verschreibungspflichtige Medikamente an einem kühlen, trockenen Ort außerhalb der Reichweite von Kindern und Jugendlichen.

110
WEG MIT DEM ZEUG

Lassen Sie Shampoo, Zahnpasta, Duschgel und Cremes nicht frei herumstehen. Unter den Behältern sammelt sich Schmutz und Sie müssen immer wieder alle einzeln saubermachen. Außerdem wirkt der ganze Raum viel sauberer, wenn der Waschtisch und der Rand der Badewanne nicht voller Zeug stehen. Wenn Sie keinen Platz mehr im Schrank haben, können Sie die Produkte auch in dekorativen Körben neben dem Waschbecken oder der Badewanne verstauen.

111
NEUER GLANZ FÜR DIE DUSCHE

Eigentlich komisch, dass ausgerechnet die Dusche jeden Tag gereinigt werden muss. Das tägliche Putzen sorgt aber dafür, dass sich keine hartnäckigen Wasserflecken und Seifenbeläge bilden. Einmal pro Woche sollten Wände, Tür und Laufschiene der Dusche gründlich gereinigt werden, um Kalk zu entfernen.

TÄGLICH ABZIEHEN Die Duschkabine nach jeder Benutzung mit mildem Essigreiniger (siehe Nr. 149) oder einem anderen, zum Material passenden Reiniger einsprühen (siehe Anmerkung unten). Flüssigkeit und gelöste Seifenreste mit einem Gummiabzieher abziehen. Mit einem Mikrofasertuch nachwischen.

VORSICHT Essig greift Naturstein an. Steinfliesen, etwa aus Schiefer, Granit, Marmor oder Travertin, aber auch Granit-Komposit, Quarz-Komposit und Mineralguss sollten nicht mit Essig gereinigt werden. Verwenden Sie stattdessen Seifenwasser. Danach abziehen und trockenwischen.

DUSCHVORHANG Duschvorhänge können mit kaltem Wasser und einem milden Waschmittel im Schongang der Waschmaschine gereinigt werden. Geben Sie ½ Tasse Essig in das Fach für den Weichspüler. Vorsicht bei Toplader-Maschinen: Die Trommelrippe kann den Vorhang beschädigen. Legen Sie daher einige Lappen um die Rippe. Sie können den Vorhang aber auch einfach mit mildem Essigreiniger (siehe Nr. 149) einsprühen und gut abspülen.

112
DUSCHKOPF REINIGEN

Mit der Zeit lagert sich am und im Duschkopf Kalk ab, wodurch weniger Wasser durch die Düsen gelangt. Mit den folgenden Tipps ist der Duschkopf aber im Nu wieder sauber.

SCHRITT EINS Den Duschkopf einmal im Monat mit einer Zahn- oder Fugenbürste abschrubben.

SCHRITT ZWEI Alle drei Monate eine Plastiktüte mit Branntweinessig füllen und um den Duschkopf knoten, sodass dieser überall mit dem Essig in Berührung kommt.

SCHRITT DREI Über Nacht einwirken lassen. Der Essig löst den Kalk und andere Ablagerungen.

SCHRITT VIER Die Tüte abnehmen und den Duschkopf mit einer Zahnbürste oder einem Mikrofasertuch abschrubben.

SCHRITT FÜNF Das Wasser aufdrehen, um die Düsen durchzuspülen.

113
SAUBERE LÜFTUNG

Im feuchten Badezimmer ist eine Lüftung unverzichtbar, vor allem um Schimmelbildung vorzubeugen. Am besten funktioniert sie, wenn sie sauber ist. Darum sollten Sie sie mindestens zweimal im Jahr reinigen.

STROM AUS Den Strom für das Badezimmer abschalten.

DECKEL WEG Auf eine Leiter steigen und die Abdeckung der Lüftung entfernen. (Machen Sie sich auf herabrieselnden Staub und Schmutz gefasst.)

INS WASSER Die Abdeckung in warmem Seifenwasser einweichen.

SAUGEN Den Ventilator mit einem Handstaubsauger oder dem Staubpinsel-Aufsatz absaugen.

ABWISCHEN Ein Mikrofasertuch mit warmem Seifenwasser befeuchten und jedes Blatt des Ventilators abwischen. Schwer zugängliche Stellen mit einer Zahnbürste putzen.

TROCKNEN Die Abdeckung vor dem Anbringen gründlich abtrocknen.

114
FLIESEN UND FUGEN

Fliesen aus Stein und Keramik können durch Essig und Zitronensaft ihren Glanz verlieren. Mischen Sie eine Paste aus einer ¾ Tasse Natron, ½ Tasse Wasserstoffperoxid und 2 Tassen Wasser an. Diese auftragen, 15 Minuten einwirken lassen und mit einer Fugenbürste die Fugen schrubben. Mit warmem Wasser abspülen.

Tipp
SEIFE WECHSELN

Feste Seifen mit Talkum hinterlassen besonders hartnäckige Rückstände. Verwenden Sie lieber Duschgel oder eine Seife auf Glycerinbasis.

115

WELCHE BADEWANNE?

Die Badewanne dient der Entspannung (denken Sie an Duftlampen, Kerzen und Badeschaum), aber auch der Kinderpflege (denken Sie an Babyshampoo, Gummienten und Badeschaum). Daher sollte sie sauber sein und einladend aussehen. Im Folgenden finden Sie einige Reinigungsmethoden für unterschiedliche Materialien. Rezepte für Putzmittel gibt es unter Nr. 149. Verwenden Sie außerdem regelmäßig Desinfektionsmittel.

MATERIAL	REINIGUNGSMETHODE	TIPPS UND TRICKS	VORSICHT
ACRYL	Mit milder Seife und Wasser reinigen. Gut ausspülen und trockenwischen, damit keine Wasserflecken entstehen.	Flecken mit einem weichen Tuch kräftig schrubben. Bei Bedarf milden Essigreiniger verwenden.	Raue Schwämme und Scheuermittel zerkratzen die Oberfläche.
KUPFER UND NICKEL	Nach jedem Bad gut ausspülen und trockenwischen. Einmal in der Woche mit milder Seife und Wasser reinigen. Gut ausspülen und trockenwischen.	Beschichtete Kupfer- und Nickelwannen müssen nur ausgespült und kurz abgewischt werden.	Scheuermittel zerkratzen die Oberfläche. Säurehaltige Reinigungsmittel fressen Löcher in das Kupfer.
MINERAL-GUSS, GRANIT-, ONYX- UND QUARZ-KOMPOSIT	Nur milde Seife und ein weiches Tuch verwenden. Nach jedem Bad gut ausspülen und trockenwischen.	Zum Schutz vor Flecken die Wanne einmal im Jahr neu versiegeln.	Keine Scheuerschwämme und -mittel verwenden, außerdem keine Reiniger, die Ammoniak oder Chlor enthalten.
GLASFASER	Nach jedem Bad ausspülen und trockenwischen. Bei hartem Wasser mit mildem Essigreiniger (siehe Nr. 149) einsprühen, ausspülen und trockenwischen.	Hartnäckige Flecken mit einer Paste aus Natron und Wasser behandeln.	Scheuerschwämme und -mittel machen Kratzer. Spielsachen und Flaschen auf/in der Wanne können Flecken hinterlassen.
MARMOR	Nach jedem Bad mit milder Seife und Wasser reinigen und anschließend gründlich trockenwischen.	Badeöl, Shampoo, Duschgel und Rasierschaum können den Marmor verfärben. Zum Schutz die Wanne jedes Jahr neu versiegeln.	Niemals scheuernde oder säurehaltige Produkte verwenden.
GUSSEISEN ODER STAHL, EMAILLIERT	Mit milder Seife und Wasser reinigen, ausspülen und trockenwischen. Für eine gründlichere Reinigung Bad- und Fliesenreiniger verwenden (siehe Rezepte am Ende des Buchs).	Bei Flecken: Eine halbe Zitrone mit der Schnittfläche in Natron tauchen und den Fleck damit wegreiben. Abspülen und trockenwischen.	Keine ätzenden Chemikalien und Reiniger verwenden.
SOLID SURFACE (MINERAL-WERKSTOFF)	Mit warmem Seifenwasser und einem Schwamm reinigen, ausspülen und trockenwischen.	Flecken mit einem weichen Schwamm und etwas Natron oder Essig behandeln.	Wasserflecken bilden einen unschönen Belag, daher die Wanne immer gut trockenwischen.

116
BADEWANNE AUSSEN REINIGEN

Freistehende Badewannen, deren Innen- und Außenflächen aus unterschiedlichen Materialien bestehen, liegen im Trend – zum Beispiel aus Porzellan und Edelstahl oder Nickel und Kupfer. Die Tipps in der Badewannen-Tabelle (siehe Nr. 115) zeigen Ihnen, mit welchen Mitteln Sie verschiedene Materialien reinigen sollten. Die meisten Wannen sind aber eingebaut und mit Fliesen, Holz oder Stein verkleidet. Reinigen Sie die Außenmaterialien wie eine Wand (siehe Nr. 023 und 026) oder eine Arbeitsplatte (siehe Nr. 089 und 090).

117
HYGIENISCHER WHIRLPOOL

Ein Whirlpool bedeutet Entspannung und Luxus, er muss aber auch besonders gründlich gereinigt werden, um Bakterien und Schimmel vorzubeugen, und sollte nach jedem Bad ausgespült und gründlich trockengewischt werden.

Whirlpools bestehen oft aus formbaren Materialien wie Acryl oder Glasfaser. Aber auch für andere Materialien finden Sie geeignete Reinigungsmethoden in der Badewannen-Tabelle (siehe Nr. 115). Beachten Sie die Herstellerhinweise, da die Rohre und Düsen vieler Whirlpools nach speziellen Methoden gereinigt werden müssen.

Putzen und desinfizieren Sie Ihren Whirlpool mindestens einmal im Monat. Gehen Sie dabei nach der folgenden Anleitung vor, damit Ihr Whirlpool zu einer einladenden Oase der Sauberkeit wird.

SCHRITT EINS Wasser bis ca. 8 cm überhalb der Düsen einlassen. Dann 1 Tasse Essig und 2 EL milde Flüssigseife ins Wasser geben.

SCHRITT ZWEI Den Whirlpool für 15 Minuten einschalten.

SCHRITT DREI Das Wasser ablassen und dann wieder bis 8 cm überhalb der Düsen einlassen. Den Whirlpool für zehn Minuten einschalten, dann leeren.

SCHRITT VIER Eine Zahnbürste in Essig tauchen und damit die Düsen reinigen. Die Bürste mit Wasser ausspülen und in die Löchern schrubben, um Schmutz zu entfernen.

118
NATÜRLICHE ABFLUSSREINIGUNG

Abflüsse im Badezimmer sind oft durch Haare und Seifenrückstände verstopft. Man bekommt sie jedoch auch ohne ätzende Chemikalien wieder sauber. Handelsübliche Abflussreiniger sind schädlich und greifen viele Materialien an, wenn man beim Hineingießen versehentlich etwas danebenschüttet. Probieren Sie lieber die folgende Methode, um verstopfte Abflüsse auch ohne Risiken und beißenden Geruch wieder freizubekommen.

KOCHEN Erhitzen Sie 2–3 Liter Wasser in einem Wasserkocher oder in einem großen Topf auf dem Herd.

MISCHEN Vermischen Sie 1 Tasse Salz mit 1 Tasse Natron und schütten Sie das Pulver in den Abfluss.

SCHÄUMEN Jetzt langsam 1 Tasse Essig in den Abfluss gießen und ein paar Minuten schäumen lassen.

DURCHSPÜLEN Das kochende Wasser in den Abfluss gießen, um Verschmutzungen zu lösen. Das Abflusssieb mit einem Tuch von Salz- und Essigresten befreien.

Wiederholen Sie diese Prozedur einmal im Monat – das beugt auch zukünftigen Abflussproblemen vor und erspart Ihnen vielleicht später Kosten.

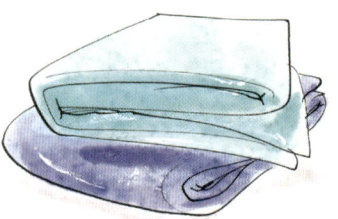

119
PFLEGE FÜR HANDTÜCHER

Nach einer belebenden Dusche freut man sich über den Duft eines frischen Handtuchs. Darum wasche ich alle meine Handtücher regelmäßig, wenn auch nicht täglich. Häufiges Waschen ist zeitaufwendig, nutzt das Handtuch ab und verbraucht Wasser und Strom. Es genügt, die Handtücher nach jedem dritten oder vierten Gebrauch zu waschen.

EIGENES HANDTUCH Jedes Familienmitglied sollte ein eigenes Handtuch und einen Platz zum Aufhängen haben. Auf einer Handtuchstange trocknen die Handtücher schneller, als wenn sie an einem Haken hängen.

LÜFTEN Während und nach jeder Dusche die Lüftung einschalten oder ein Fenster öffnen, damit die Luft zirkulieren kann. So wird Feuchtigkeit verringert und Bakterienbildung auf den Handtüchern vorgebeugt.

SCHNUPPERN Wenn Handtücher muffig riechen, waschen Sie sie auf höchster Temperatur in der Waschmaschine. Nehmen Sie die Handtücher sofort nach dem Ende des Waschgangs heraus und geben Sie sie in den Trockner.

120
BADEMÄNTEL NICHT VERGESSEN

Ein flauschiger, sauberer Bademantel aus Frottee sorgt nach dem Bad für einen Hauch von Luxus. Im feuchten Badezimmer riechen Bademäntel aber oft schnell muffig. Sie nehmen nicht nur die Feuchtigkeit aus der Luft und von Ihrem frisch geduschten Körper auf, sondern auch abgestorbene Hautzellen, die am Stoff haften bleiben und Nahrung für Bakterien bieten: So entstehen unangenehme Gerüche.

Um die Frische Ihres Bademantels zu bewahren, lassen Sie ihn nach jedem Gebrauch gut auslüften und trocknen. Genau wie Handtücher trocknen auch Bademäntel nicht, wenn sie in einem Haufen auf dem Boden herumliegen. Es dauert nur wenige Sekunden, den Bademantel an einen Haken zu hängen. Falls Ihr Bademantel noch keinen eigenen Platz hat, geben Sie ihm einen. Ein weiterer Haken an der Wand ist schnell montiert und lohnt sich.

Waschen Sie Ihren Bademantel immer mit Ihren Handtüchern mit, damit das regelmäßige Waschen zur Gewohnheit wird. Stellen Sie den Trockner auf die niedrigste Temperatur ein. So werden die Frotteeschlaufen, die im Schleudergang plattgedrückt wurden, wieder richtig schön fluffig.

Lesen Sie das Pflegeetikett Ihres Bademantels und beachten Sie besondere Hinweise, besonders bei Bademänteln aus Seide oder Leinen.

121
BADEMATTEN WASCHEN

Badematten aus Stoff sind mit nassen Füßen und dem Boden in Kontakt. Sie sind ein perfekter Nährboden für Schimmel. Waschen Sie Ihre Matten mindestens einmal in der Woche. Auch Matten mit Gummibelag kann man warm oder kalt in der Maschine waschen. Die Gummiseite hält länger, wenn die Matte draußen an der Luft trocknet, aber nicht in der Sonne. Matten aus Stoff heiß waschen und im Trockner trocknen.

WC-Vorleger werden auf die gleiche Weise gewaschen, je nachdem, ob sie eine Unterseite aus Gummi besitzen oder nur aus Stoff bestehen.

122
WASCHBECKEN UND WASCHTISCHE

Waschbecken und Waschtische gibt es in verschiedenen Materialien und Farben. Die meisten von ihnen kann man mit Wasser und etwas Seife reinigen. Einige erfordern besondere Pflege. Und alle sollte man möglichst oft reinigen und immer trockenwischen, damit keine Wasserflecken zurückbleiben.

Eine Mischung aus milder Flüssigseife und warmem Wasser im Waschbecken und auf dem Waschtisch verteilen. Mit einem Mikrofasertuch oder Schwamm abwischen und dann mit einem zweiten Tuch trockenwischen. Für noch mehr Reinheit ein Desinfektionsmittel (siehe Nr. 149) verwenden.

123
DOS UND DON'TS

Wenn Sie die Marke Ihres Waschbeckens kennen, beachten Sie die Pflegehinweise des Herstellers. Die folgende Anleitung hilft Ihnen, das Material zu reinigen, ohne Flecken und Verfärbungen zu verursachen.

WEGWISCHEN Zahnpasta, Creme und Make-up immer sofort wegwischen.

TROCKNEN Nach jeder Benutzung das Waschbecken mit einem Handtuch trockenwischen, um Wasserflecken vorzubeugen.

VORSICHT Raue Schwämme und handelsübliche Reiniger können empfindliche Materialien beschädigen. Reiniger, die Chlor und Ammoniak enthalten, können Oberflächen und Beschichtungen verätzen.

SCHÜTZEN Handelsübliche Abflussreiniger können das Material des Waschbeckens beschädigen. Unter Nr. 118 finden Sie eine Anleitung zum Reinigen von verstopften Abflüssen.

Tipp

GRÜNDLICH TROCKENWISCHEN

Wischen Sie Waschtische und Waschbecken nach dem Putzen immer gut trocken, anstatt sie einfach trocknen zu lassen. So verhindern Sie Ablagerungen.

124
FLECKEN AUF EMAILLE

Emaille wird häufig für Waschbecken, aber nur selten für Waschtische verwendet. Reiben Sie Flecken auf emaillierten Becken und Wannen mit einer in Natron getauchten Zitronenhälfte sauber. Danach gut abspülen und gründlich trockenwischen.

125
SCHRÄNKE UND SCHUBLADEN ENTRÜMPELN

Zweimal im Jahr sollten Sie Ihr Badezimmer von überflüssigem Kram befreien. Räumen Sie alle Schubladen und Fächer aus und saugen Sie das Innere der Schränke mit dem Staubpinsel-Aufsatz des Staubsaugers. Wischen Sie alle Fächer mit einem weichen Tuch oder Schwamm und etwas Allzweckreiniger (siehe Nr. 009) gut aus. Ecken und Ränder putzen Sie am besten mit einer Zahnbürste. Dann ein Tuch mit Wasser befeuchten und die Reste des Reinigungsmittels wegwischen. Alle Schubladen komplett trocknen lassen, bevor Sie sie wieder in die Schränke geben.

126
MAKE-UP SAUBER AUFBEWAHREN

Selbst wenn man aufpasst: Reste von Puder, Lidschatten oder Foundation finden sich in der Make-up-Schublade früher oder später immer.

Nehmen Sie alles heraus und werfen Sie altes Make-up und Proben weg.

Auf Make-up-Produkten steht für gewöhnlich kein Ablaufdatum. Für Mascara gilt die Faustregel: Nach sechs Monaten entsorgen. Das ist eine gute Zeitspanne, um überflüssige Kosmetikprodukte immer wieder einmal auszusortieren.

Reinigen Sie die Schublade wie unter Nr. 125 beschrieben. Waschen Sie alle Einsätze, säubern Sie Flaschen und Tuben und räumen Sie dann alles wieder ein. (Und werfen Sie alles weg, was zu verschmutzt ist!)

127
ORDNUNG IM SCHMUCK

Schmuckschatullen oder -schubladen mit Einsätzen aus Samt, Filz oder anderen Stoffen sind echte Staubmagneten. Reinigen Sie sie regelmäßig, damit Sie nicht ständig Ihren Schmuck säubern müssen. Und so geht's:

SCHRITT EINS Den Abfluss des Waschbeckens verschließen, damit keine Kleinteile hineinfallen. Zum Schutz von Waschtisch und Schmuck ein Handtuch ausbreiten.

SCHRITT ZWEI Schubladeneinsätze herausnehmen und die Schublade saubermachen (siehe Nr. 126).

SCHRITT DREI Alle Ecken und die gepolsterten Fächer für Ringe mit einem (bei Bedarf leicht feuchten) Wattestäbchen reinigen. Flächen aus Stoff mit einem leicht feuchten Mikrofasertuch abwischen.

SCHRITT VIER Gründlicher reinigen Sie mit dem Staubpinsel-Aufsatz des Staubsaugers oder mit Druckluft. Damit entgeht Ihnen kein bisschen Staub.

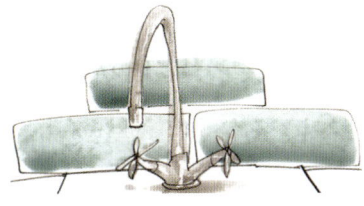

128
ARMATUREN TROCKENWISCHEN

Wischen Sie die Armaturen im Bad täglich ab, dann bleiben Wasserhähne, Griffe, Duschköpfe und Handtuchhalter wie neu. Die meisten neueren Armaturen haben eine Beschichtung, die vor Flecken und Verfärbungen schützt. Es genügt, die Armaturen nach jeder Benutzung mit einem weichen Tuch trockenzuwischen, um Fingerabdrücke und Wasserflecken zu entfernen. Kalk und Seifenrückstände können die Beschichtung angreifen, wenn sie zu lange auf dem Material bleiben.

129
BESCHICHTUNG BEWAHREN

Bei Armaturen ist es vor allem wichtig, die Schutzbeschichtung zu erhalten. Ist die Schicht einmal zerkratzt oder rissig, kann das Material darunter oxidieren und sich verfärben. Verwenden Sie keine Scheuermittel, kratzigen Schwämme, Chlor, Ammoniak, Reinigungsalkohol, Säure, Entferner für Patina und Rost oder aggressive Polituren.

Viele Hersteller verwenden für Armaturen aus Messing, Kupfer, Bronze, Edelstahl, Chrom oder Nickel eine PVD-Vakuumtechnologie oder bringen eine hauchdünne Schutzschicht auf. Daher ist es manchmal unmöglich festzustellen, ob eine vorhandene Armatur beschichtet ist oder nicht.

130
UNBESCHICHTETE ARMATUREN

Armaturen, die älter als 20 Jahre sind, haben meist keine Beschichtung. Sie sind noch anfälliger für Kratzer, verwenden Sie daher nur weiche Tücher und Schwämme. Mit Seifenwasser reinigen, gut abspülen und trockenpolieren. Bei Bedarf milden Essigreiniger (siehe Nr. 149) verwenden. Natron ist mild genug, um bei hartnäckigem Schmutz aufgetragen zu werden: Natron mit etwas Wasser vermischen, auftragen, fünf Minuten einwirken lassen, gründlich abspülen, trockenwischen und polieren.

131
NATÜRLICHE PATINA

Messing, Kupfer und Bronze ohne Beschichtung sind »lebendes« Material, das sich mit der Zeit verändert und eine wunderschöne Patina entwickelt. Verwenden Sie keine handelsüblichen Reiniger und Scheuerschwämme. Es genügt, wenn Sie die Armaturen von Wasserflecken und Seifenrückständen befreien.

132
NICHTS RISKIEREN

Wenn Sie die Marke Ihrer Armaturen kennen, schauen Sie auf der Website des Herstellers nach, ob es besondere Pflegehinweise gibt. Wenn nicht, entfernen Sie Wasserflecken und Seifenreste mit warmem Seifenwasser und spülen Sie alles gut ab. Mit einem Mikrofasertuch trockenpolieren. Eine weiche Zahnbürste entfernt Schmutz zwischen den Verbindungselementen.

133
GOLDRAUSCH

Vergoldete Armaturen haben eine weiche Oberfläche ohne schützende Beschichtung. Um das Gold schonend zu reinigen, Essiglösung (1 Teil Essig auf 3 Teile Wasser) auf ein weiches Tuch sprühen. Das Tuch um die Armatur legen und 15 Minuten einwirken lassen. Sanft reiben. Bei hartnäckigem Schmutz wiederholen. Den Essig mit einem nassen Tuch rückstandslos abwischen und anschließend mit einem sauberen Tuch gut nachtrocknen.

134
MAKE-UP-PINSEL SÄUBERN

Feine Make-up-Pinsel sind irgendwann alle total verdreckt. Statt sie einfach wegzuwerfen und neue zu kaufen, können Sie die Pinsel auch einer Komplettreinigung unterziehen.

SPÜLEN Einmal in der Woche leicht warmes Wasser über die Borsten (nicht über den Griff) laufen lassen.

WASCHEN Ein paar Tropfen milde Flüssigseife in die Handfläche geben und in die Borsten einmassieren. Den Schaum vollständig ausspülen. Bei Bedarf die Reinigung wiederholen.

AUSDRÜCKEN Das Wasser sanft mit den Fingern oder einem Handtuch aus den Pinseln drücken.

TROCKNEN Die Pinsel zum Trocknen auf ein Handtuch legen. Stellen Sie die Pinsel nicht aufrecht hin, sonst fließt das Wasser aus den Borsten in den Griff und kann die Borsten lösen.

135
ZAHNBÜRSTE REINIGEN

Zahnärzte empfehlen, die Zahnbürste nach dem Zähneputzen gründlich mit warmem Wasser zu reinigen und in einer aufrechten Position trocknen zu lassen. Noch hygienischer: Die Bürste für 15 Minuten in eine antiseptische Mundspüllösung geben.

136
BECHER, BEHÄLTER UND SEIFENSCHALE

Zahnputzbecher, Seifenschale und Behälter für Zahnbürsten oder Wattepads sollten einmal in der Woche in der Spülmaschine gereinigt werden. Sind die Gegenstände nicht für die Spülmaschine geeignet, gehen Sie nach der Anleitung unter Nr. 090 vor.

Besonders die Seifenschale ist schwer zu reinigen, da sie voller verhärteter Seifenreste ist. Die folgenden Schritte sorgen für schnelle Sauberkeit.

SCHRITT EINS Die leere Schale komplett mit einer Paste aus Natron und Wasser bedecken.

SCHRITT ZWEI Kurz einwirken lassen, dann mit einer Zahnbürste (robustes Material mit einem Scheuerschwamm) schrubben und abspülen.

SCHRITT DREI Ein wenig Babyöl in die Schale geben. So lässt sie sich beim nächsten Mal leichter reinigen.

137
PFLEGE FÜR HAARBÜRSTEN

Nicht nur Ihre Haare, auch Ihre Haarbürsten müssen gewaschen werden, um Schmutz, Hautfett und Rückstände von Pflegeprodukten zu entfernen. Entfernen Sie nach dem Reinigen der Bürsten sämtliche losen Haare aus dem Waschbecken, damit sie den Abfluss nicht verstopfen.

SCHRITT EINS Lose Haare mit einem Kamm aus der Haarbürste entfernen.

SCHRITT ZWEI Warmes Wasser ins Waschbecken einlassen. Einige Tropfen Shampoo hinzugeben und die Bürste darin einige Minuten schwenken.

SCHRITT DREI Noch einmal mit dem Kamm durch die Bürste gehen, um erst jetzt gelockerte Haare zu entfernen.

SCHRITT VIER Das Wasser ablassen und die Bürste warm abspülen.

SCHRITT FÜNF Die Bürste mit den Borsten nach unten auf einem Handtuch trocknen lassen.

Tipp

SAUBERKEIT IM MÜLLEIMER

Ein kleiner Müllbeutel schützt Ihren Mülleimer im Bad vor Schmutz. Legen Sie ein paar neue, gefaltete Beutel unten in den Eimer, damit Sie immer welche zur Hand haben. Wischen Sie den Mülleimer einmal im Monat mit Desinfektionsmittel aus (siehe Nr. 149).

138

RAN AN DIE TOILETTE

Die Toilette ist wohl der Ort, den wir am wenigsten gern saubermachen. Unserer Gesundheit zuliebe und damit wir uns wohler fühlen, muss sie allerdings regelmäßig gereinigt werden. Ich habe im Laufe der Zeit eine nützliche Routine entwickelt, mit deren Hilfe ich das WC schnell und gründlich saubermache.

TÄGLICH Reinigen Sie die Toilette nach der Anleitung für den WC-Reiniger (siehe Nr. 149). Wenn Sie wenig Zeit haben, werfen Sie ein paar WC-Bomben (siehe Nr. 149) in die Toilettenschüssel.

WÖCHENTLICH Bei jedem Spülen der Toilette fliegen Bakterien aus der Schüssel, darum sollten die Außenflächen einmal in der Woche gründlich gereinigt werden. Desinfektionsmittel (siehe Nr. 149) aufsprühen und beim Spülkasten beginnend von oben nach unten abwischen.

MONATLICH Das Wasser am Hahn neben dem Spülkasten abstellen und die Spülung betätigen. Das Innere der Toilettenschüssel mit Natron bestreuen. Gut mit der WC-Bürste schrubben, auch unter dem Rand. Dann 1 Tasse Essig in der ganzen Schüssel vergießen. Eine Stunde einwirken lassen.

Nun ist der Spülkasten an der Reihe. Aus ¼ Tasse Essig und 1 Tasse Wasser ein Desinfektionsspray mischen und auf die Innenflächen des leeren Spülkastens sprühen. Mit einem Schwamm oder Mikrofasertuch reinigen, bei Bedarf mit einer Scheuerbürste oder Zahnbürste schrubben. Das Wasser wieder aufdrehen und die Spülung betätigen.

139
ABLAGERUNGEN BESEITIGEN

Kalzium, Magnesium und andere Mineralien im Wasser lagern sich mit der Zeit in der Toilettenschüssel ab. Wie oft diese Ablagerungen entfernt werden müssen, hängt von der Härte des Wassers ab. Bei hartem Wasser empfiehlt sich bei der monatlichen Reinigung, wenn das Wasser abgedreht und die Toilettenschüssel leer ist, dieser zusätzliche Schritt:

LÖSEN Branntweinessig in die Toilettenschüssel gießen und über Nacht einwirken lassen. Einen Schwamm in Essig tauchen und damit unter dem Rand putzen.

SCHRUBBEN Die Ablagerungen am nächsten Tag mit einer WC- oder Scheuerbürste wegschrubben.

KRATZEN Hartnäckige Ablagerungen mit einem Bimsstein wegkratzen – aber nur, wenn es gar nicht anders geht. Zu starker Druck beschädigt nämlich die Keramik.

SPÜLEN Das Wasser wieder aufdrehen und spülen. Bei Bedarf können Sie diese Schritte wiederholen.

WICHTIG Reinigen Sie die Toilette möglichst oft, dann sammeln sich nicht so viele Ablagerungen an.

140
REINHEIT IM BIDET

Bidets gibt es in der klassischen freistehenden Variante oder in Form eines »Dusch-WCs« als Aufsatz für die Toilette. Reinigen Sie Ihr Bidet einmal in der Woche nach der folgenden Anleitung.

Freistehendes Bidet

Herkömmliche Bidets werden im Prinzip wie eine Toilette gereinigt. Gehen Sie dabei wie folgt vor:

SCHRITT EINS Kastilien-Flüssigseife unter den Rand geben und ½ Tasse Natron in die Schüssel streuen. Mit der WC-Bürste schrubben. Spülen.

SCHRITT ZWEI Das Wasser aufdrehen, um Natron und Seife komplett wegzuspülen. Trockenwischen.

SCHRITT DREI Die Außenflächen auf gleiche Weise wie jene der Toilette reinigen (siehe Nr. 138).

SCHRITT VIER Die Bedienelemente mit einem Mikrofasertuch und Desinfektionsmittel reinigen.

SCHRITT FÜNF Da es viele verschiedene Düsen und Sprühvorrichtungen gibt, fragen Sie zur Sicherheit beim Hersteller nach, wie man diese am besten reinigt.

Dusch-WC

Stecken Sie das Dusch-WC vor der Reinigung ab, um Kurzschlüsse oder Stromschläge zu vermeiden.

SCHRITT EINS Hartplastiksitze nur mir Wasser und milder Seife reinigen. Starke Scheuermittel, Chlor und Alkohol erzeugen Flecken und Risse, wodurch die Garantie des Bidets erlöschen kann.

SCHRITT ZWEI Eine Lösung aus einem Teil Seife und vier Teilen Wasser anmischen. Für eine desinfizierende Wirkung einen Teil Essig hinzugeben.

SCHRITT DREI Ein Mikrofasertuch in die Lösung tauchen und auswringen. Den Sitz und das Bedienfeld damit abwischen. Ein Wattestäbchen in die Lösung tauchen und damit schwer zugängliche Stellen putzen.

SCHRITT VIER Mit einem feuchten Tuch alle Rückstände der Lösung entfernen. Das Bidet vor dem Einstecken gut trocknen lassen.

141
WC-BÜRSTE REINIGEN

Die WC-Bürste ist das dreckigste Gerät im Haushalt und muss jede Woche gereinigt werden. Füllen Sie den Bürstenhalter mit reinem Essig und weichen Sie die Bürste ganz darin ein – für einige Stunden oder über Nacht. Die Bürste danach über die Toilette halten und den Essig darübergießen. Die Spülung betätigen und die Bürste in klarem Wasser säubern. Auch den Halter abspülen. ¼ Tasse Essig und 10 Tropfen Teebaumöl in den Halter geben, bevor Sie die Bürste wieder hineingeben. Wenn Sie Haustiere besitzen, die Lösung unbedingt abdecken.

142
VERHALTEN BEI GRIPPE UND ERKÄLTUNGEN

Wird ein Familienmitglied krank, teilen Sie ihm ein eigenes Schlafzimmer und wenn möglich auch ein Badezimmer, das kein anderer benutzt, zu. Auch im Wohnzimmer sollte die Person, solange sie krank ist, einen eigenen Platz haben.

145
HÄNDE WASCHEN

Das Händewaschen mit Seife für 20–25 Sekunden ist eine weitere wichtige Vorbeugungsmaßnahme. Die Fingerspitzen beim Waschen in der Handfläche der jeweils anderen Hand reiben. Eine Nagelbürste löst Keime unter den Fingernägeln. Alle Familienmitglieder sollten ihre Hände mehrmals am Tag waschen.

146
WEGWERFTÜCHER VERWENDEN

Auch wenn mir die Umwelt und die Vermeidung von Müll sehr am Herzen liegen, kann es manchmal sinnvoll sein, Wegwerfpapier- und -feuchttücher zu verwenden. Stofftücher können Krankheitserreger verbreiten und müssen oft gewaschen werden.

143
KAMPF DEN KEIMEN

Wenn jemand in Ihrer Familie krank wird, muss ganz besonders auf hygienische Sauberkeit geachtet werden, vor allem im Badezimmer. Die folgenden Tipps fördern die Genesung, verringern die Ansteckungsgefahr und eignen sich gut als Notfallplan in der Erkältungszeit.

147
KEIMFREIE FLÄCHEN

Reinigen Sie jeden Abend alle Bereiche im Haus, die der Kranke berührt haben könnte. Gehen Sie dabei nach der folgenden Anleitung vor, aber beachten Sie die Pflegehinweise für bestimmte Materialien, die Sie in diesem Buch finden. Essig und Wasserstoffperoxid sind milde Desinfektionsmittel, die aber nicht alle Viren und Bakterien töten. Reinigen Sie daher mit heißem Seifenwasser nach. Putzen Sie Türgriffe, Lichtschalter, Griffe an Schränken und Schubladen und die Kühlschranktür. Waschbecken, Waschtisch, Arbeitsflächen, Toiletten und Böden mit mildem Essigreiniger (siehe Nr. 149) einsprühen und anschließend mit heißem Seifenwasser reinigen.

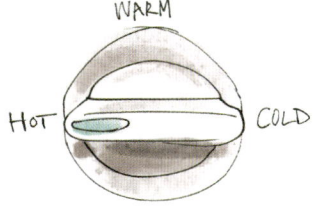

144
HEISS WASCHEN

Kissenbezüge, Pyjamas, Handtücher und wenn möglich auch Bettlaken jeden Tag waschen. Geht es dem Kranken besser, auch Bettdecken, Bezüge und andere Decken waschen.

148
ALLES DESINFIZIEREN

Das Fieberthermometer nach jeder Benutzung mit Reinigungsalkohol abwischen und trocknen lassen. Die Zahnbürste des Kranken in Wasserstoffperoxid tauchen und nicht bei den anderen Bürsten aufbewahren.

Ein Wattepad mit Wasserstoffperoxid befeuchten und Gegenstände, die häufig angefasst werden, damit abwischen. Zum Beispiel:

- ☐ Handys und Tablets
- ☐ Tastaturen und Computermäuse
- ☐ E-Reader
- ☐ Knöpfe an Radios und Stereoanlagen
- ☐ Fernbedienungen
- ☐ Controller für Spielkonsolen

149 REINIGER FÜR DAS BADEZIMMER

Ein sauberes Badezimmer ist eine Wohlfühloase. Diese natürlichen Reinigungsmittel beseitigen Gerüche, entfernen Seifenrückstände und desinfizieren.

DESINFEKTIONSMITTEL

2 EL Kastilien-Flüssigseife und 20 Tropfen Teebaumöl

Die Seife und das ätherische Öl mit heißem Wasser in einer 500-ml-Sprühflasche vermischen.

MILDER ESSIGREINIGER

1 Teil Branntweinessig, 2 Teile Wasser, 5 Tropfen Lavendelöl

Essig und Wasser in einer 500-ml-Sprühflasche vermischen. Sie können außerdem fünf Tropfen ätherisches Öl hinzugeben. Ich mag Lavendel-, Grapefruit-, Orangen-, Zitronen- oder Pfefferminzöl.

WC-BOMBEN

1½ Tassen Natron, ½ Tasse Zitronensäurepulver, 20 Tropfen Pfefferminzöl

Natron und Zitronensäurepulver in einer Schüssel vermischen. Das Pfefferminzöl langsam dazuträufeln, damit es sich schön verteilt. Unter Rühren ein wenig Wasser mit einer Sprühflasche in die Mischung sprühen, bis das Pulver Klumpen bildet. Das Pulver beginnt zu schäumen, also nicht zu viel Wasser verwenden.

Die feuchte Mischung in Silikonformen füllen und über Nacht trocknen lassen. Schaumreste wegwi-schen. Die fertigen Bomben aus den Formen nehmen und in einem luftdichten Behälter aufbewahren.

Zum Reinigen eine Bombe in die Toilettenschüssel geben und aufschäumen lassen. Wenn sich die Bombe aufgelöst hat, die Spülung betätigen.

WC-REINIGER

Kastilien-Flüssigseife und Natron

Die Seife unter den Rand der Toilettenschüssel spritzen, dann ½ Tasse Natron in die Schüssel streuen. Mit der WC-Bürste schrubben. Spülen.

BADEZIMMER
Checkliste

Es ist einfacher, das Badezimmer jeden Tag sauberzumachen, als es nur gelegentlich zu reinigen. Bitten Sie Ihre Familie, Armaturen, Waschbecken, Dusche und Wanne nach jeder Benutzung trockenzuwischen. Den Rest schaffen Sie in fünf Minuten!

Die Zahlen beziehen sich auf die Einträge, nicht auf die Seitenzahlen. Achten Sie darauf, wenn Sie Informationen zu bestimmten Materialien oder Methoden nachschlagen möchten.

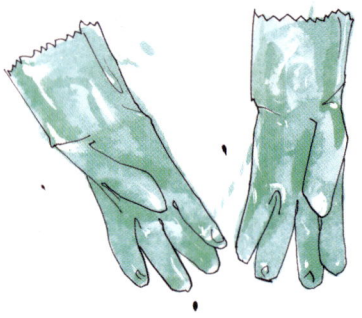

TÄGLICH

☐ Böden fegen oder saugen *30*
☐ Schmutzwäsche in den Wäschekorb geben *105*
☐ Armaturen abwischen *105*
☐ Becken, Flächen abwischen *105*
☐ Dusche abziehen *105*
☐ Badewanne ausspülen
☐ Whirlpool säubern *105*
☐ Toilette schnell reinigen *138*
☐ _____

WÖCHENTLICH

☐ Spiegel putzen *13*
☐ Sichtschutz abstauben *14*
☐ Türen und Leisten abstauben *18*
☐ Lichtschalter putzen *19*
☐ Wände, Decken abstauben *20*
☐ Böden wischen *31*
☐ Luft erfrischen *107*
☐ Dusche säubern *111*
☐ Badewanne putzen *115*
☐ Waschbecken putzen *122*
☐ Handtücher, Badematten und Bademäntel waschen *119*
☐ Make-up-Pinsel und Haarbürsten reinigen *134, 137*
☐ Becher, Behälter und Seifenschalen abspülen *136*
☐ Toilette und Spülkasten außen abwischen *138*
☐ Bidet putzen *140*
☐ WC-Bürste reinigen *141*
☐ _____

MONATLICH

☐ Sichtschutz absaugen *14*
☐ Mülleimer säubern *28*
☐ Whirlpool reinigen *117*
☐ Abflüsse reinigen *118*
☐ Badewanne außen reinigen *116*
☐ Toilette und Spülkasten gründlich reinigen *138*
☐ Ablagerungen aus der Toilette entfernen *139*
☐ _____

HALBJÄHRLICH (FRÜHLING UND HERBST)

☐ Fenster putzen *12*
☐ Sichtschutz gründlich reinigen *14*
☐ Türen und Leisten reinigen *18*
☐ Wände reinigen *20*
☐ Wandleuchten und andere Lampen reinigen *54, 57*
☐ Bad-Putzset neu bestücken *106*
☐ Flächen freiräumen *110*
☐ Medizinschrank entrümpeln *108*
☐ Duschvorhang waschen *111*
☐ Duschkopf putzen *112*
☐ Lüftung reinigen *113*
☐ Fugen reinigen *114*
☐ Fächer, Schubladen und Schränke reinigen *125*
☐ Make-up aufräumen *126*
☐ Schmuckkasten oder -schublade reinigen *127*

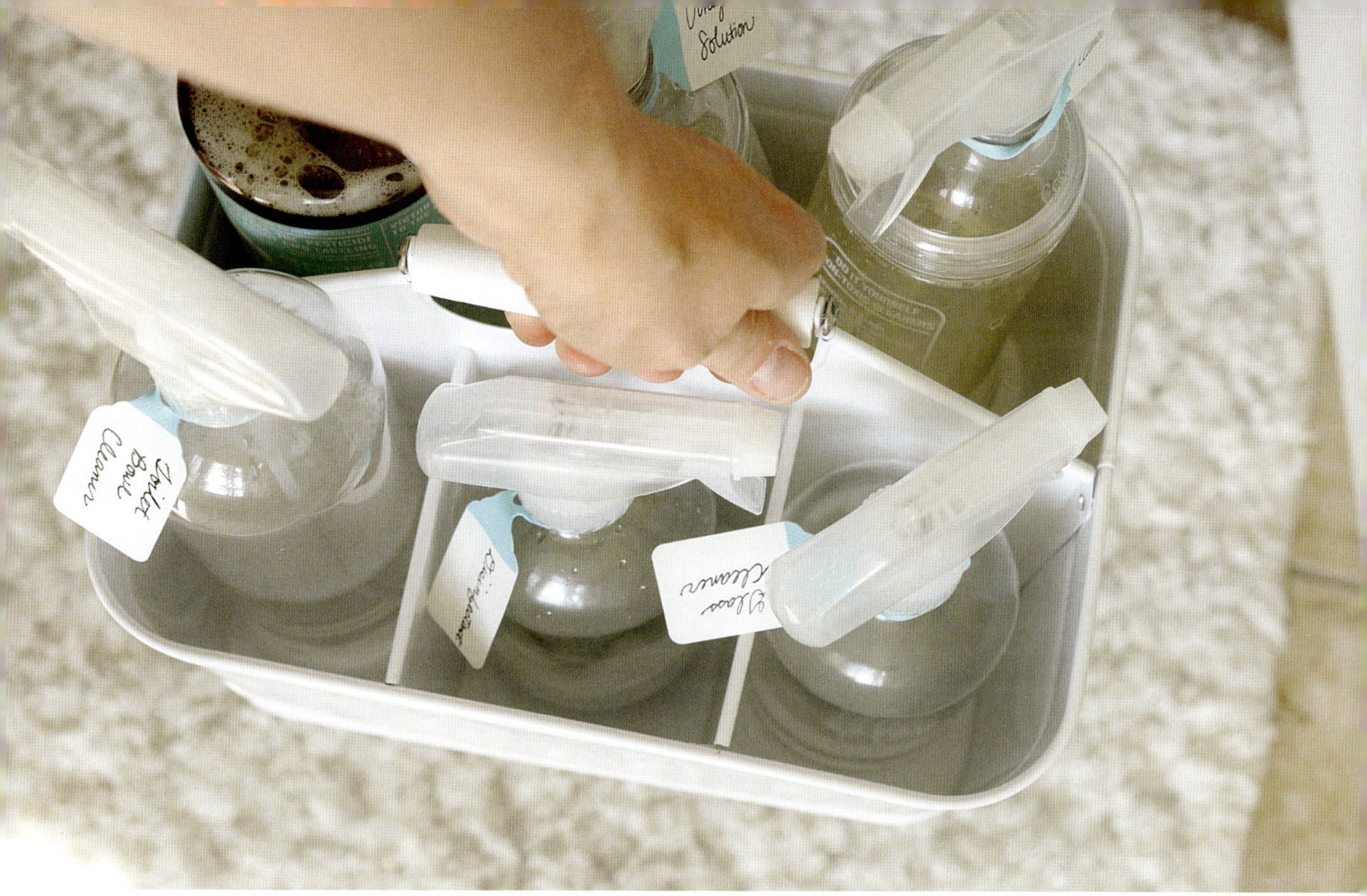
Toilet Bowl Cleaner
Glass Cleaner

WASH

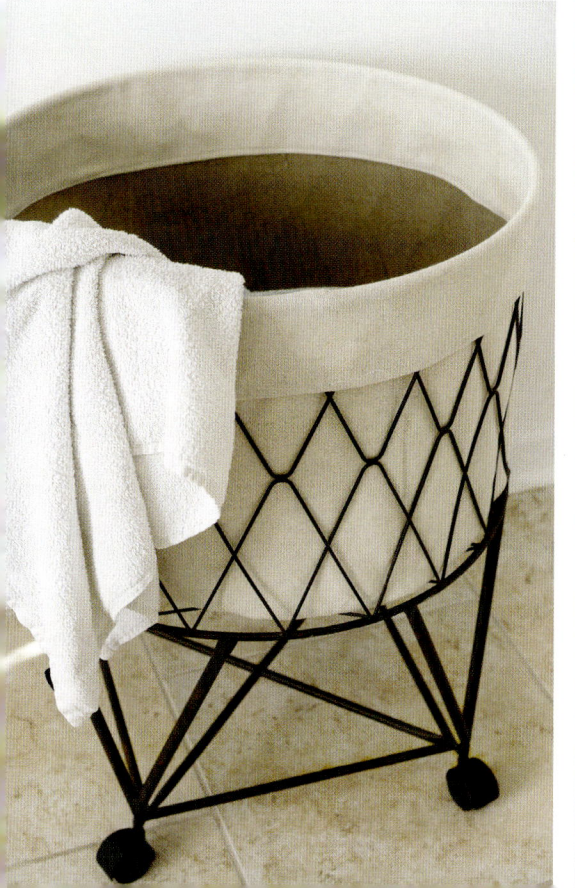

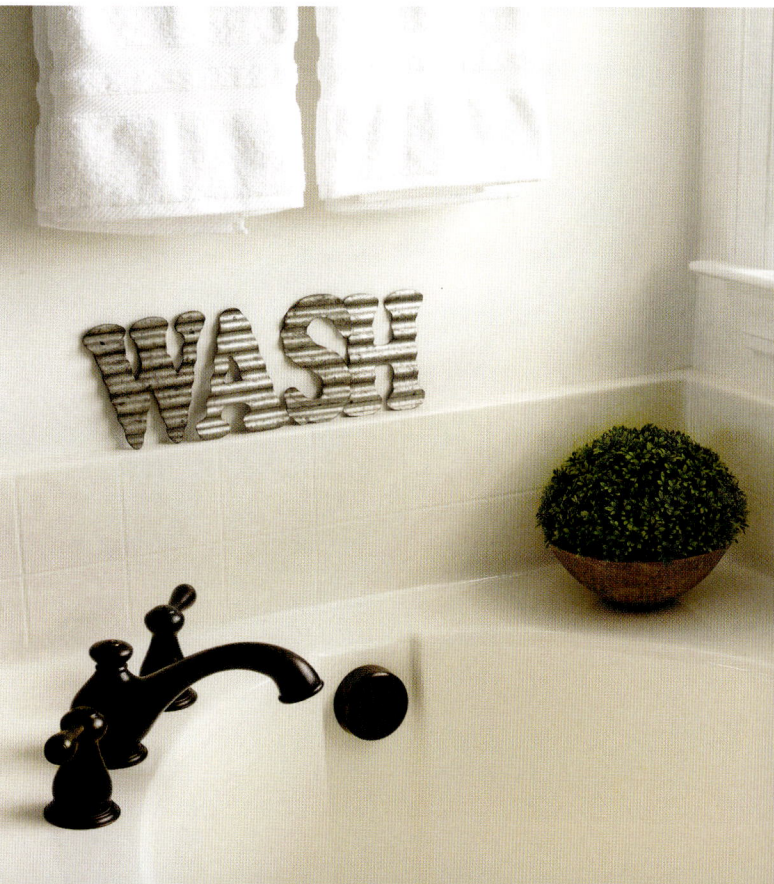

Waschküche

Die Waschküche ist der Arbeitsraum des Hauses. Sie ist das Fundament eines funktionierenden Haushalts und muss daher sauber und aufgeräumt sein. Wenn sich Wäscheberge auf dem Boden stapeln und der Waschmaschine ein muffiger Geruch entströmt, versinkt wahrscheinlich auch der Rest des Hauses im Chaos. Die Waschküche spiegelt wider, wie wir uns fühlen. Fein säuberlich gefaltete, duftende Wäsche und ein sauberer Raum geben uns ein gutes Gefühl. Daher zeige ich Ihnen in diesem Kapitel, wie Sie Ihre Schmutzwäsche bewältigen, Ihr eigenes Waschmittel herstellen, hartnäckige Flecken beseitigen und Waschmaschine und Trockner reinigen. Das Waschen muss keine lästige Pflicht sein. Es kann auch Spaß machen – besonders, wenn Sie gut organisiert sind und Ihre Familie mithilft.

150
SCHLAU WASCHEN

Es gibt kaum etwas Befriedigenderes als fein säuberlich gefaltete, duftende Wäsche, die in die richtigen Fächer und Schubladen eingeräumt wird. Als meine Familie immer größer wurde, musste ich lernen, die Wäscheberge zu bewältigen und die Arbeit nicht aufzuschieben. Das Wichtigste dabei: nicht zulassen, dass sich die Wäsche anhäuft. Ich schalte die Waschmaschine gleich morgens nach dem Anziehen ein. Im Laufe des Tages wird die Wäsche getrocknet, gefaltet und weggeräumt. Ich räume meine Waschküche regelmäßig auf und halte sie sauber. Auch die Geräte werden alle paar Monate gereinigt. Die folgenden Tipps haben mir dabei geholfen, meine Wäsche schnell und effizient – und mit Spaß an der Arbeit – zu erledigen.

Tipp
NETT DEKORIEREN

Auch die Waschküche kann ein schöner Ort sein, an dem Sie sich gern aufhalten. Dann macht die Arbeit auch gleich viel mehr Freude. Hängen Sie rustikale Sockenspanner, Waschbretter oder alte Fotografien zum Thema Waschen auf. Dekorieren Sie den ganzen Raum so, wie es Ihnen gefällt. In meiner Waschküche ist das oberste Regal für Accessoires im Landhausstil reserviert – und ich liebe es.

151
ALLES AN SEINEM PLATZ

Als Erstes sollten Sie die Waschküche aufräumen. Geben Sie Ihre Putzsachen und alles Zubehör in leinengefütterte Körbe, die Sie mit beschrifteten Etiketten versehen. Waschmittel und Pflegezubehör sind in Metallkörben oder Emaillebehältern im Vintagestil ansehnlich verstaut. Ist erst einmal alles sortiert, wird das Waschen zum Kinderspiel.

153
DAS BÜGELEISEN DAMPFREINIGEN

Auf der erhitzbaren Unterseite des Bügeleisens – der Sohle – sammeln sich mit der Zeit Ablagerungen aus Stärke und Mineralien an. Auch die Dampflöcher können verstopfen, sodass weniger Dampf herauskommt und das Bügeleisen auf empfindlichen Stoffen hängenbleiben kann. Beugen Sie Schäden vor, indem Sie Ihr Bügeleisen einmal im Jahr reinigen.

SCHRITT EINS Das Bügeleisen auf die höchste Temperatur stellen und die Dampffunktion ausschalten. Eine große Papiertüte mit grobem Salz bestreuen und über das Salz bügeln, um Ablagerungen auf der Sohle zu lockern. Neues Salz aufstreuen und so oft wiederholen, bis die Sohle sauber ist. Das Bügeleisen ausschalten und abkühlen lassen. Die Sohle abwischen.

SCHRITT ZWEI Aus 2 EL Natron und 1 EL Wasser eine Paste mischen und

152
EINEN SAMMELKORB AUFSTELLEN

Kleinkram aus den Hosentaschen geben Sie am besten in einen dafür vorgesehenen Behälter in der Waschküche. Jeder in der Familie kann dort seine Schätze wieder abholen.

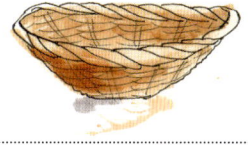

auf die kalte Bügelsohle auftragen. Auch in die Dampflöcher streichen. Einige Minuten einwirken lassen. Die Sohle anschließend mit einem feuchten Mikrofasertuch abwischen.

SCHRITT DREI Ein Wattestäbchen mit destilliertem Wasser befeuchten und damit die Dampflöcher reinigen. Bei Bedarf das Wattestäbchen in Essig tauchen und hartnäckigen Kalk in den Löchern wegreiben.

SCHRITT VIER Den Wassertank mit destilliertem Wasser füllen. Das Bügeleisen auf die heißeste Stufe einstellen und die Dampffunktion einschalten. Wenn die Sohle heiß ist, den Dampfknopf drücken und die Kalkreste herausspülen. Wenn Sie hartes Wasser haben, verwenden Sie eine Mischung aus ¼ Tasse Essig und einer ¾ Tasse destilliertem Wasser. Lesen Sie die Bedienungsanleitung, um das Gerät nicht zu beschädigen.

SCHRITT FÜNF Das Bügeleisen ausschalten und abkühlen lassen. Herausgespülte Kalkrückstände mit einem feuchten Mikrofasertuch wegwischen und den Tank leeren.

154
STRATEGIEN BEI FLECKEN

Bevor Sie sich auf einen Fleck stürzen, denken Sie in Zukunft an die folgenden Tipps, damit Sie Ihre Kleidungsstücke nicht beschädigen.

INFORMIEREN Unbedingt immer die Hinweise auf den Pflegeetiketten der verschiedenen Kleidungsstücke lesen, um über die korrekte Reinigung informiert zu sein.

TESTEN Die Methode erst an einer unauffälligen Stelle ausprobieren.

KALT LASSEN Flecken immer mit kaltem Wasser behandeln. Warmes oder heißes Wasser kann den Fleck verhärten oder im Stoff fixieren.

VERMEIDEN Nicht an Flecken herumschrubben – das verschmiert den Fleck und löst Fasern aus dem Stoff.

LÖSEN Den Fleck entfernen, bevor das Kleidungsstück gewaschen wird.

TROCKNEN Das Kleidungsstück lufttrocknen lassen und prüfen, ob der Fleck tatsächlich weg ist.

SCHÜTZEN Das Kleidungsstück erst in den Trockner geben, wenn der Fleck komplett entfernt wurde. Ansonsten kann es sein, dass der Fleck durch die Hitze fixiert wird.

DELEGIEREN Wolle, Seide und andere empfindliche Stoffe, deren Etikett »nur chemische Reinigung« empfiehlt, sollten Sie tatsächlich lieber einem Profi überlassen. Ein Fleck, den Sie bereits erfolglos bearbeitet haben, ist für das Reinigungspersonal noch schwerer zu entfernen. Fragen Sie im Zweifelsfall vorher in der Reinigung nach.

155
ERSTE-HILFE-SET FÜR FLECKEN

Ein Schlammspritzer oder ein Tropfen Spaghettisauce können aus heiterem Himmel zuschlagen. Bekämpfen Sie den Fleck, solange er frisch ist. Und wenn Sie immer ein umfangreiches Sortiment an Fleckenentfernern parat haben, kann Sie kein Fleck kalt erwischen. In meinem Erste-Hilfe-Set für Flecken befindet sich Folgendes:

NATRON

SODAWASSER

MAISSTÄRKE

WATTE

WEINSTEIN

SPÜLMITTEL (FARBLOS)

BRANNTWEINESSIG

SALZ (TAFELSALZ UND GROBES SALZ)

WASSERSTOFF-PEROXID

FLÜSSIGE WASCHSEIFE

VASELINE

REINIGUNGS-ALKOHOL

PLASTIKLÖFFEL

PIPETTE

156
NUR NATUR

Bei allen der hier angeführten Methoden werden Flecken mit natürlichen Mitteln entfernt, da ich schädliche Chemikalien komplett aus meinem Haushalt verbannt habe. Am schlimmsten sind handelsübliche Waschmittel – sie schaden der Umwelt und Ihrer Familien. Meine sanfteren Methoden eignen sich für alle waschbaren Textilien. Manchmal muss man eine Methode mehrmals anwenden, bis der Fleck verschwindet.

FLECK	METHODE
BABYNAHRUNG	Brei und Speichel vorsichtig mit einem Plastiklöffel entfernen. Den Fleck mit Natron bestreuen, dann Sodawasser auf das Natron gießen. Wenn das Schäumen aufgehört hat, das Kleidungsstück waschen und lufttrocknen lassen. Falls der Fleck noch sichtbar ist, die Prozedur wiederholen.
VOGELKOT	Die Exkremente mit einem Plastiklöffel abkratzen. Den Fleck mit kaltem Wasser auswaschen. Auf farbechte Stoffe Wasserstoffperoxid mit einer Pipette auftragen und wieder auswaschen.
BLUT	Den Fleck eine Minute lang mit kaltem Wasser auswaschen. Das Kleidungsstück dann 30 Minuten lang in kaltem Wasser einweichen. Spülmittel auftragen und vorsichtig in den Fleck einreiben. Mit kaltem Wasser auswaschen. So oft wiederholen, bis der Fleck verschwunden ist.
KERZENWACHS	Das Wachs mit einem Plastiklöffel abschaben. (Ist es noch weich, das Kleidungsstück in die Gefriertruhe legen.) Den Stoff zwischen zwei Papiertücher auf das Bügelbrett legen und bei niedriger Hitze ohne Dampf bügeln. Das heiße Wachs wird vom Papier aufgesaugt. Bei Bedarf mit neuem Papier wiederholen. Flecken von buntem Wachs kann man mit Reinigungsalkohol behandeln: Auftragen, abtupfen und mit kaltem Wasser auswaschen. So oft wiederholen, bis der Fleck verschwunden ist.
SCHOKOLADE	Die Schokolade mit einem Plastiklöffel abschaben. Flüssigkeit auftupfen. Flüssige Waschseife auf den Fleck geben und einreiben – aber vorsichtig, um ihn nicht zu verschmieren. Die Waschseife 5–10 Minuten einwirken lassen und das Kleidungsstück dann 15 Minuten in kaltem Wasser einweichen. Bei Bedarf wiederholen.
COLA	Die Flüssigkeit mit einem Stoff- oder Papiertuch aufsaugen. Essig auf den Fleck geben und wieder aufsaugen. Eine kleine Menge verdünntes Spülmittel auf den Fleck geben und sanft einreiben. Gut auswaschen und die verbleibende Flüssigkeit auftupfen. Ist der Fleck noch da, mithilfe einer Pipette mit Wasserstoffperoxid beträufeln. Eine Stunde einwirken lassen, dann auswaschen.
WACHSKREIDE	Das Kleidungsstück in eine Plastiktüte geben und für 30 Minuten in die Gefriertruhe legen, damit das Wachs hart wird, dann vorsichtig abkratzen. Den Stoff mit dem Fleck nach unten zwischen zwei Papiertücher auf ein Bügelbrett legen und bei niedriger Hitze ohne Dampf über den Fleck bügeln. Das schmelzende Wachs wird vom Papier aufgesaugt. Bei Bedarf mit neuem Papier wiederholen, bis der Fleck verschwunden ist.
DEODORANT	Deostreifen auf Kleidung kann man mit einem Nylonstrumpf, einer Baumwollsocke oder weichem Schaumstoff (wie man ihn manchmal auf Kleiderbügeln aus der Reinigung sieht) wegreiben.
KOT	So viel wie möglich mit einem Plastiklöffel abschaben. Mit kaltem Wasser auswaschen. Ein Becken mit heißem Wasser füllen – so heiß, wie es der Stoff verträgt. 1 Tasse Wasserstoffperoxid und 1 Tasse Natron hinzugeben. Das Kleidungsstück darin schwenken, bis sich der Fleck löst. Über Nacht einweichen lassen. Ist der Fleck weg, mit selbstgemachtem Waschpulver (siehe Nr. 159) waschen – es enthält Waschsoda, das Gerüche neutralisiert. Das Kleidungsstück lufttrocknen lassen.

FLECK	METHODE
GRAS	Mit einer Pipette oder einem Wattebausch etwas Reinigungsalkohol auf den Fleck auftragen. Mit kaltem Wasser auswaschen. Aus Wasser und 2 EL Waschpulver (siehe Nr. 159) eine Paste anmischen. Den Fleck damit bedecken, 15–20 Minuten einwirken lassen und die Paste dann auswaschen. Lufttrocknen lassen. Ist der Fleck noch da, die Methode für roten Ton anwenden.
KAUGUMMI	Das Kleidungsstück in eine Plastiktüte geben, sodass der Fleck nicht mit dem Plastik in Berührung kommt, oder auf ein Backblech legen und für 3–4 Stunden in die Gefriertruhe geben. Dann die Tüte öffnen und den gehärteten Kaugummi mit einem Plastiklöffel abkratzen.
TINTE UND PERMANENT-MARKER	Einen Kreis aus Vaseline um den Tintenfleck tupfen. Dann den Stoff mit der Fleckenseite nach unten auf ein Papiertuch legen, um die Tinte aufzusaugen. Mit einer Pipette Reinigungsalkohol auf den Fleck auftragen und mit etwas Watte abtupfen. Das Tuch oft auf einen neuen, trockenen Bereich verschieben. Mehr Alkohol auftragen und tupfen, bis das Papiertuch alles absorbiert hat. Das kann eine Weile dauern. Tintenreste mit Spülmittel bedecken und 15–20 Minuten einwirken lassen. Waschen und lufttrocknen lassen.
KETCHUP	So viel Ketchup wie möglich mit einem Löffel abnehmen, ohne den Fleck zu verschmieren. Die Rückseite des Flecks mit kaltem Wasser abspülen, damit das Ketchup nicht noch tiefer in die Fasern dringt. Etwas Waschmittel mit den Fingern in den Fleck einarbeiten. Das Kleidungsstück bei Bedarf 30 Minuten in kaltem Seifenwasser einweichen. Kalt ausspülen. Ist der Fleck noch sichtbar, etwas Essig mit einer Pipette auftragen und mit Spülmittel einreiben. Erneut ausspülen. Reicht das nicht, etwas Wasserstoffperoxid mit einer Pipette auftragen und kurz einwirken lassen. Dann mit noch mehr Spülmittel auswaschen.
LIPPEN-STIFT	Den Lippenstift mit einem Plastiklöffel abschaben. Den Fleck auf der Rückseite des Kleidungsstücks behandeln. Ein Handtuch unterlegen, um den Fleck aufzunehmen. Reinigungsalkohol mit einer Pipette auftragen und mit einem trockenen Stoff- oder Papiertuch abtupfen. So oft wie nötig wiederholen.
SCHLAMM	Den Schlamm trocknen lassen und dann mit einem Plastiklöffel abschaben. Etwas Waschmittel auf den Fleck geben, einreiben und 15 Minuten einwirken lassen. Mit einer feuchten Zahnbürste von beiden Seiten des Stoffs schrubben. Wenn sich der Fleck gelöst hat, mit kaltem Wasser ausspülen. Das Kleidungsstück dann waschen und lufttrocknen lassen.
SENF	Überschüssigen Senf mit einem Plastiklöffel abnehmen. Das Kleidungsstück umdrehen und die Rückseite des Flecks mithilfe einer Pipette mit Essig tränken. Wenn die Farbe verblasst ist, etwas Spülmittel auf den Fleck geben, einreiben und dann auswaschen, bis die Farbe verschwunden ist. Bei Bedarf mit Essig und Flüssigseife wiederholen.
ÖL	Den Fleck sofort mit Maisstärke bestreuen, um das Öl aufzusaugen. Die Stärke 15 Minuten einwirken lassen, dann abbürsten und den Fleck mit Reinigungsalkohol tränken. Überschüssige Flüssigkeit wegtupfen und den Fleck mit Spülmittel einreiben. Gut auswaschen. Bei Bedarf wiederholen.

FLECK	METHODE
SCHWEISS	Auf weißer oder heller Kleidung: 1 Tasse Wasserstoffperoxid und 1 Tasse Wasser in einer Sprühflasche vermischen. Den Fleck gründlich damit einsprühen und 30 Minuten einwirken lassen. Mit kaltem Wasser ausspülen, dann kalt waschen. Bei dunklen Flecken auf heller Kleidung eventuell 1 Tasse Wasserstoffperoxid mit in die Waschmaschine geben. Auf bunter Kleidung: 2 EL Branntweinessig und 1 Tasse Wasser vermischen. Den Fleck damit tränken und 30 Minuten einwirken lassen. Waschen.
ROTER TON	Getrockneten Ton mit einem Plastiklöffel oder einer trockenen Zahnbürste abkratzen. Auf farbigem Stoff: Eine Paste aus ¼ Tasse Tafelsalz und ¼ Tasse Essig auftragen und 20 Minuten einwirken lassen. Die Paste abspülen und das Kleidungsstück wie gewohnt waschen. Bei Bedarf wiederholen. Auf weißem Stoff: Eine Paste aus 1 EL Weinstein, 1 TL Natron und Zitronensaft (gerade so viel Saft, dass eine Paste entsteht) auftragen. Den Stoff in die Sonne legen, bis die Paste getrocknet ist. Dann die Paste abschaben. Das Kleidungsstück normal waschen und lufttrocknen lassen. Bei Bedarf wiederholen.
ROTWEIN	Sodawasser entfernt den Rotweinfleck zwar nicht, aber es erleichtert die spätere Reinigung und ist daher eine gute Notfallmaßnahme, etwa im Restaurant. Zuhause den Fleck mit Tafelsalz bestreuen und eine Stunde einwirken lassen. Anschließend kochendes Wasser über den Fleck gießen. Bei Bedarf wiederholen.
ROST	Den Stoff auf ein altes Handtuch legen und Essig oder Zitronensaft auf den Fleck geben (oder eine Paste aus Salz und Zitronensaft auftragen). Den Fleck mit einem sauberen weißen Handtuch abtupfen. Bei Bedarf wiederholen und den Stoff in die Sonne legen. Ist der Fleck weg, waschen und lufttrocknen lassen.
SOJASAUCE	Die Sauce mit einem weißen Tuch auftupfen. Von der Rückseite her ausspülen. Den Fleck zuerst mit Essig und dann mit Wasserstoffperoxid betupfen. Einwirken lassen. Ausspülen. Waschen und lufttrocknen lassen.
ZAHNPASTA	Die Zahnpasta vorsichtig mit einem Plastiklöffel abschaben. Ein sauberes Tuch oder einen Schwamm mit Spülmittel und Wasser befeuchten und den Fleck wegtupfen, dann auswaschen.
URIN	Einen Eimer oder das Waschbecken mit einem Teil Essig und zwei Teilen heißem Wasser füllen (bei empfindlichen Textilien kaltes Wasser verwenden). 45 Minuten einweichen lassen, dann ausspülen. Ist der Fleck weg, das Kleidungsstück mit selbstgemachtem Waschpulver (siehe Nr. 159) waschen – es enthält Waschsoda, das Gerüche beseitigt. Anschließend lufttrocknen lassen.
KLEBSTOFF OHNE LÖSUNGS-MITTEL	Den Klebstoff trocknen lassen. Den Fleck in zimmerwarmem Wasser 24 Stunden einweichen lassen und dann mit einem sauberen, trockenen Tuch vorsichtig wegwischen. Wie gewohnt waschen und lufttrocknen lassen.

157 WAS BEDEUTEN DIE PFLEGESYMBOLE?

Auf den Pflegeetiketten von Kleidungsstücken sieht man immer öfter Symbole statt Text. Das liegt daran, dass ein Kleidungsstück oft in verschiedenen Ländern mit unterschiedlichen Sprachen verkauft wird. Die Symbole stellen grafisch und allgemein verständlich dar, wie der Stoff am besten gepflegt werden sollte. Die folgende Tabelle gibt Aufschluss über die wichtigsten Symbole.

WASCHEN	BLEICHEN	TROMMEL-TROCKNEN	NATÜRLICH TROCKNEN	BÜGELN	CHEMISCH REINIGEN
kalt	jede Bleiche	keine Hitze	auf der Leine	warm	nicht chemisch reinigen
warm	kein Chlor	schonend	tropfnass trocknen	mittel	
heiß	nicht bleichen	normal	liegend trocknen	heiß	
normal		heiß	im Schatten	kein Dampf	
Schongang		jede Temperatur	nicht trocknen	nicht bügeln	
Feinwäsche		nicht in den Trockner	nicht auswringen		
Handwäsche					
nicht waschen					

158 WOFÜR STEHEN DIE ZAHLEN?

Diese hilfreichen Symbole sagen Ihnen, wie Sie Ihr T-Shirt aus Paris oder Ihre Bluse aus Spanien waschen sollen. Die Zahlen geben an, wie heiß, in Grad Celsius, das Wasser beim Waschen maximal sein darf. Die Balken unter dem Waschzubersymbol sagen Ihnen, welcher Waschgang empfohlen wird. Einfacher geht's nicht!

Tipp

SCHONENDER GEHT IMMER

Die Symbole geben an, wie heiß oder intensiv die Textilien gereinigt werden dürfen, ohne dass der Stoff Schaden nimmt. Schonendere Pflege ist natürlich erlaubt – zum Beispiel wenn Sie ein Kleidungsstück lieber nur warm oder kalt waschen möchten, auch wenn das Symbol Kochwäsche empfiehlt.

Falls Sie die aufhellende Wirkung von Bleichmitteln schätzen, aber keine aggressiven Chemikalien verwenden möchten, probieren Sie mein natürliches Bleichmittel aus (siehe Rezepte am Ende des Buchs) – es ist viel weniger schädlich und hellt weiße Stoffe auf.

159 REINIGER FÜR DIE WASCHKÜCHE

In der Waschküche gibt es nicht nur Wäsche zu waschen, auch die Geräte sollten regelmäßig gereinigt werden. Darum gibt es hier auch Rezepte für Reinigungsmittel für Ihre Geräte. Und das selbstgemachte Waschpulver erspart Ihnen den Kauf teurer Waschmittel!

ALLZWECKREINIGER

2 TL Borax, ¼ TL Kastilien-Flüssigseife, 10 Tropfen Zitronenöl

Alle Zutaten mit heißem Wasser in einer 500-ml-Sprühflasche vermischen.

MILDER ESSIGREINIGER

1 Teil Essig
2 Teile Wasser
500-ml-Sprühflasche

Essig und Wasser in der Sprühflasche vermischen. Wenn Sie den Geruch von Essig nicht mögen, können Sie nach Wunsch fünf Tropfen ätherisches Öl hinzugeben. Ich mag Lavendel-, Grapefruit-, Orangen-, Zitronen- oder Pfefferminzöl.

WASCHPULVER

3 Stück Seife, z. B. von Dr. Bronner's oder Fels-Naptha
2 kg Waschsoda
2 kg Borax
2 kg Natron

Die Seife in der Küchenmaschine oder mit einer Käsereibe zerkleinern. Alle Zutaten in einem großen, verschließbaren Behälter vermischen.

Anwendung: Zwei gehäufte Esslöffel des Pulvers in die Waschmaschine geben. Hochleistungswaschmaschinen benötigen etwas weniger.

160
SAUBERE MASCHINE

Heißes Wasser und schmutzige Textilien strapazieren die Waschmaschine. Manchmal kann Schimmel entstehen, den man oft erst dann bemerkt, wenn die Kleidung muffig riecht. Ich gebe zum Reinigen 1 Tasse Chlorreiniger in die Waschtrommel (laut Bedienungsanleitung) und starte den heißesten Waschgang. Ich verwende Chlor fast nie, aber es hilft gegen Schimmel. Beachten Sie vor dem Reinigen die Hinweise in der Bedienungsanleitung Ihres Geräts.

161
KUSCHELWEICHE WÄSCHE

Handtücher und Kleidung kann man auch ohne die Nachteile handelsüblicher Weichspüler weich bekommen. Die Chemikalien in Weichspülern und Trocknertüchern dehnen die Fasern aus, was den Stoff flauschiger macht. Mit der Zeit sammeln sich aber Rückstände an, wodurch die Fasern weniger saugfähig werden. Geben Sie vor dem Waschen ½ Tasse Essig in das Fach für den Weichspüler. Die Säure des Essigs reicht aus, um Rückstände von Weichspüler, Waschmittel und Kalk zu entfernen, die Handtücher hart und kratzig machen. Diese kleine Menge Essig macht die Kleidung weich und verleiht ihr einen frischen Duft. Gleichzeitig bleibt die Saugfähigkeit der Stoffe vollständig erhalten.

162
FRONTLADER REINIGEN

Frontlader verbrauchen weniger Strom und Wasser, aber wenn man sie zu selten reinigt, kann unangenehmer Geruch entstehen. Bei diesen Maschinen ist die Dichtung an der Tür breiter und muss stärkerem Wasserdruck standhalten – Feuchtigkeit und Seifenreste in der Dichtung bilden einen perfekten Nährboden für Schimmel. Auch wenn die Maschine eine Selbstreinigungsfunktion hat, sollte man die Dichtung separat reinigen.

SCHRITT EINS Die Dichtung und den Bereich um sie herum mit mildem Essigreiniger (siehe Nr. 159) und einem Mikrofasertuch säubern. Den Dichtungsring dabei anheben, um auch an die Unterseite zu gelangen. Die Dichtung dann gründlich mit einem nassen Lappen abwaschen, da Essig den Gummi porös machen kann. Mit einem Mikrofasertuch nachtrocknen, um Schimmelbildung vorzubeugen.

SCHRITT ZWEI Das Programm für die stärkste Verschmutzung und die größte Waschladung sowie die heißeste Temperatur einstellen. Das Waschmittelfach mit Essig füllen (etwa eine ¾ Tasse) und den Waschgang starten. Dann nochmals im Spülgang laufen lassen, um den Essig komplett aus der Trommel zu waschen.

SCHRITT DREI Alle Fächer (Waschmittel, Weichspüler) und Filter entfernen und im Waschbecken in warmem Seifenwasser waschen. Abspülen, abtrocknen, einsetzen.

SCHRITT VIER Mit einem Mikrofasertuch und mildem Essigreiniger die Außenflächen reinigen. Schwer zugängliche Stellen mit einer Zahnbürste schrubben.

163
TOPLADER REINIGEN

Ein Toplader ist anders aufgebaut und erfordert ein anderes Vorgehen als ein Frontlader. Reinigen Sie Ihren Toplader nach der folgenden Methode. (Zuerst aber die Hinweise in der Bedienungsanleitung lesen!)

SCHRITT EINS Das Programm für die stärkste Verschmutzung und die größte Waschladung sowie die heißeste Temperatur einstellen und starten. Sobald das Wasser in die Trommel gelaufen ist, einen Liter Essig hineingeben. Den Essig mehrere Minuten lang durchspülen lassen, dann den Waschgang stoppen.

SCHRITT ZWEI Den Essig 1–2 Stunden einwirken lassen. Den Waschgang wieder starten. Dan einen Spülgang durchlaufen lassen, um den Essig aus der Trommel zu waschen.

SCHRITT DREI Alle Fächer (Waschmittel, Weichspüler) und Filter entfernen und im Waschbecken in warmem Seifenwasser waschen. Abspülen, abtrocknen, einsetzen.

SCHRITT VIER Mit einem Mikrofasertuch und mildem Essigreiniger die Außenflächen reinigen. Schwer zugängliche Stellen mit einer Zahnbürste schrubben.

Die Dichtung an der Tür eines Front-laders schließt Feuchtigkeit ein, was zu Schimmelbildung führen kann. Die Tür daher erst schließen, wenn die Maschine innen ganz trocken ist.

164
PFLEGE FÜR DEN WÄSCHETROCKNER

An jedem Waschtag freue ich mich schon auf die weichen, warmen Handtücher, die frisch aus dem Trockner kommen. Übrigens: Je früher man die Wäsche nach dem Trocknen aus dem Gerät holt, desto einfacher lässt sie sich bügeln! Aber auch Trockner müssen gewartet werden, damit das Flusensieb nicht zur Brandgefahr wird. Und selbst wenn das Sieb immer gereinigt wird, sammeln sich mit der Zeit Fusseln im Abluftschlauch.

165
RAN AN DIE BÄLLE

Trocknerbälle hüpfen in der Trommel zwischen den Kleidungsstücken herum und verbessern dadurch die Luftzirkulation. Man kann sie aber auch wie Trocknertücher zum Beduften der Wäsche benutzen.

BÄLLE Drei Trocknerbälle aus Wolle zur nassen Wäsche in den Trockner geben und den Trockengang starten.

ÖL Wenn die Wäsche trocken ist, die Bälle herausnehmen und auf jeden Ball 1–2 Tropfen eines ätherischen Öls geben. Für Wäsche verwende ich am liebsten Zitronengras- oder Lavendelöl.

DUFT Die Bälle wieder zurück in den Trockner geben und diesen nochmals fünf Minuten ohne Wärme laufen lassen, damit sich der Duft auf die Kleidungsstücke übertragen kann.

166
ABLUFTSCHLAUCH REINIGEN

Das Abluftsystem des Trockners leitet Wärme und Feuchtigkeit nach draußen ab. Mit der Zeit können sich darin Fusseln ansammeln, selbst wenn Sie das Flusensieb reinigen: Manche Partikel sind kleiner als das feinste Sieb. Wenn Ihre Kleidung im Trockner nicht mehr richtig trocken wird, könnte das ein Hinweis darauf sein, dass der Abluftschlauch verstopft ist. Um Bränden vorzubeugen, sollten Sie den Schlauch halbjährlich reinigen.

ZERLEGEN Den Trockner ausstecken und von der Wand wegschieben. Den Abluftschlauch entfernen. Wenn er biegsam ist, das Innere aussaugen, sonst mit einem Lappen reinigen.

LEEREN Je nach Gerät muss vielleicht die ganze Rückseite abgenommen

167
FUSSELN FANGEN

Woraus bestehen Fusseln eigentlich? Es handelt sich dabei um abgewetzte oder abgefallene Fasern und Partikel von Textilien, aber auch von Taschentüchern oder Papierstücken, die in den Hosentaschen vergessen wurden. Im Gegensatz zu den langen, verwobenen Fasern von Stoffen sind Fusseln kurze Einzelfasern mit freiliegender Oberfläche. So können sich alle möglichen unterschiedlichen Fasern zu einem trockenen Bausch zusammenballen, der sich durch die Hitze im Trockner entzünden kann.

werden. Oder man kann die Schelle lösen und nur das Rohr entfernen. Greifen Sie in das Loch an der Rückseite des Trockners und holen Sie so möglichst viele Fusseln heraus. Saugen Sie mit der Staubdüse des Staubsaugers alle Fusseln, die Sie sehen, weg. Dann den Boden saugen, wischen und trocknen lassen, bevor Sie alle Teile wieder anbringen und den Trockner an seinen Platz schieben.

REINIGEN Milden Essigreiniger (siehe Nr. 159) in die Trommel sprühen und mit einem Mikrofasertuch sauberwischen. Das Flusensieb in warmem Seifenwasser waschen. Schwer zugängliche Ecken mit einer Zahnbürste schrubben. Das Filterfach aussaugen. Wenn möglich, die Klappe des Sockelfilters öffnen und dahinter saugen.

ANBRINGEN Das Sieb ausspülen und vollständig trocknen lassen, bevor Sie es wieder einsetzen. Den Trockner außen mit mildem Essigreiniger einsprühen und abwischen.

Tipp

TROCKNERTÜCHER SELBSTGEMACHT

Wenn Sie Ihrer Wäsche auch ohne Trocknerbälle einen feinen Duft verleihen möchten, geben Sie zehn Tropfen eines ätherischen Öls auf ein Baumwolltuch. Dieses zur bereits trockenen Wäsche in den Trockner legen und das Gerät fünf Minuten ohne Wärme laufen lassen. Ob Nelken-, Limetten-, Minz-, Geranien-, Kiefern- oder Lavendelöl – Ihre Wäsche wird duften!

WASCHKÜCHE
Checkliste

Wahrscheinlich haben Sie schon eine tägliche oder wöchentliche Routine, nach der Sie Ihre Wäsche machen. Aber auch Ihre Waschküche sollte in einem ordentlichen Zustand sein, damit alles perfekt funktioniert. Diese Liste hilft Ihnen, klar Schiff zu machen.

Die Zahlen beziehen sich auf die Einträge, nicht auf die Seitenzahlen. Achten Sie darauf, wenn Sie Informationen zu bestimmten Materialien oder Methoden nachschlagen möchten.

TÄGLICH

- ☐ Böden fegen oder saugen *30*
- ☐ Waschküche aufräumen *150*
- ☐ Flecken behandeln *156*
- ☐ Wäsche waschen *150*
- ☐ Wäsche trocknen *165*
- ☐ Flusensieb reinigen *166*
- ☐ _____
- ☐ _____
- ☐ _____
- ☐ _____

WÖCHENTLICH

- ☐ Sichtschutz abstauben *14*
- ☐ Türen und Leisten abstauben *18*
- ☐ Lichtschalter putzen *19*
- ☐ Wände, Decken abstauben *20*
- ☐ Böden wischen *31*
- ☐ Waschmaschine und Trockner abwischen
- ☐ _____
- ☐ _____
- ☐ _____
- ☐ _____
- ☐ _____
- ☐ _____

MONATLICH

- ☐ Sichtschutz absaugen *14*
- ☐ Mülleimer säubern *28*
- ☐ Türgriffe reinigen *29*
- ☐ Waschmaschine reinigen *160*
- ☐ Waschbecken reinigen *122*
- ☐ Hinter Waschmaschine und Trockner fegen und wischen
- ☐ _____

HALBJÄHRLICH (FRÜHJAHR UND HERBST)

- ☐ Fenster putzen *12*
- ☐ Sichtschutz gründlich reinigen *14*
- ☐ Türen und Leisten reinigen *18*
- ☐ Wände reinigen *20*
- ☐ Wandleuchten und andere Lampen reinigen *54, 57*
- ☐ Bügeleisen dampfreinigen *153*
- ☐ Waschmaschine reinigen *162, 163*
- ☐ Abluftschlauch reinigen *166*
- ☐ Putzset neu bestücken *1*
- ☐ Reiniger nachmischen *155, 159*
- ☐ _____
- ☐ _____
- ☐ _____
- ☐ _____
- ☐ _____
- ☐ _____
- ☐ _____
- ☐ _____
- ☐ _____
- ☐ _____
- ☐ _____

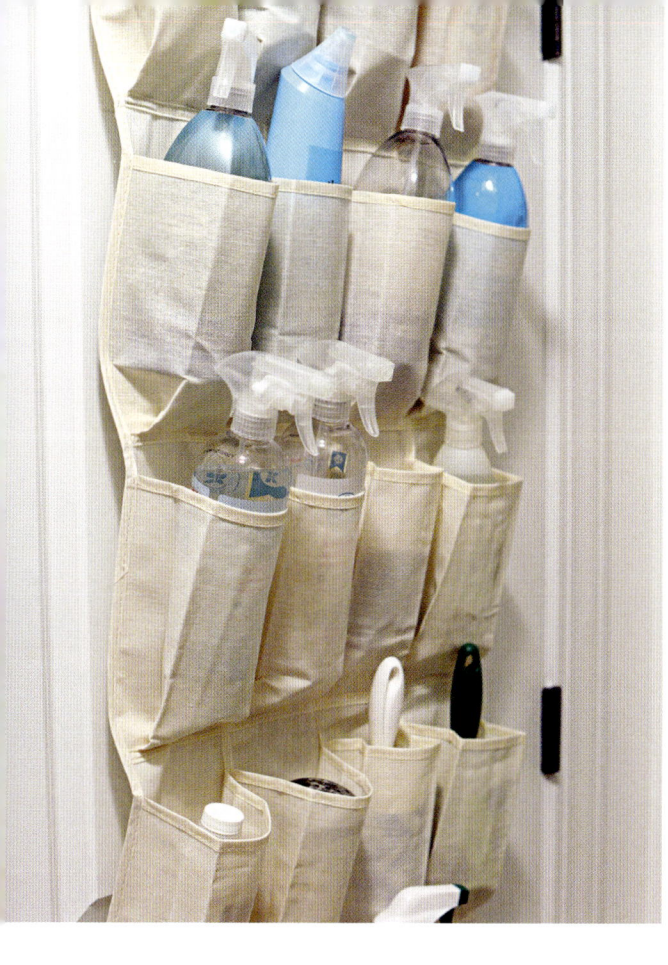

Wohnbereiche

Ihr Zuhause sollte zu Ihnen passen. Fühlen Sie sich in einem eleganten Wohnzimmer, voll mit Antiquitäten und Kunstwerken, wohl? Oder mögen Sie es lieber rustikal und gemütlich, zwischen Patchworkdecken und Häkelkissen? Egal welchen Stil Sie bevorzugen: Sauberkeit ist das A und O für ein wohnliches Zuhause. In diesem Kapitel zeige ich Ihnen, wie Sie Polstermöbel reinigen, altes und neues Holz behandeln, Gemälde pflegen und den Kamin saubermachen (ein schmutziger, aber wichtiger Job!). Wichtig ist dabei, unnötigen Kram zu reduzieren und den passenden Putzplan zu finden, an den Sie sich auch halten. Sind alle Bereiche sauber und alle Aufgaben erledigt, gönnen Sie sich eine wohlverdiente Pause – mit der Familie entspannen, Essen gehen oder einfach nur Netflix schauen und ein gutes Glas Wein genießen.

168
WOHNLICHES WOHNZIMMER

Ganz egal, ob Ihr Wohnzimmer eher elegant oder lässig gemütlich ist: Das ist der Raum, in dem Gespräche, Cocktailpartys und manchmal auch das Frühstück stattfinden, wo man gemeinsam Zeit verbringt und Spaß hat. Es sollte einladend und behaglich wirken und stets in einem Zustand sein, um auch Gäste empfangen zu können.

169
FÜR ORDNUNG SORGEN

Wenn Sie auch mein erstes Buch, *Platz schaffen*, gelesen haben, wissen Sie bereits, wie man Ordnung schafft. Diese beiden Bücher ergänzen sich, denn vollgeräumte Flächen sind schwieriger zu reinigen und schmutzige Dinge räumt man nicht gern weg. Meine Empfehlungen zum Thema Aufräumen sprengen den Rahmen dieses Buchs. Merken Sie sich daher vor allem, dass das Beseitigen von Unordnung der erste Schritt zu einem sauberen Zuhause ist.

170
DEM STAUB DIE STIRN BIETEN

Wischen Sie Möbel und Dekoaccessoires alle paar Tage ab, damit Staub und Spinnweben keine Chance haben. Ein leicht feuchtes Mikrofasertuch genügt dafür. Gehen Sie beim Saubermachen außerdem immer von oben nach unten vor. Besonders wenn Ihr Wohnzimmer ein eleganter, nicht sehr häufig genutzter Raum ist, fällt Staub im rechten (oder falschen) Licht sofort ins Auge. Darum ist es unerlässlich, auch dort regelmäßig sauberzumachen.

171
DAS SOFA REINIGEN

Ein Sofa wird stark beansprucht: Es wird täglich benutzt, abgewetzt und oft bekleckert. Man kann ein Sofa chemisch reinigen lassen, aber effizienter und umweltfreundlicher ist die Reinigung zuhause.

SCHRITT EINS Die Reinigungshinweise auf dem Pflegeetikett des Sofas lesen. (Was die Kürzel bedeuten, erfahren Sie unter Nr. 172.)

SCHRITT ZWEI Das Sofa, die Kissen, die Flächen unter den Kissen (wo sich Münzen und Fernbedienungen verstecken) sowie hinter und unter dem Sofa saugen. Dann alle gesaugten Stellen mit einer Bürste abbürsten, um Schmutz zu lockern. Den Schmutz anschließend einfach wegsaugen.

SCHRITT DREI Sofa und Kissen überall dort, wo gesaugt und gebürstet wurde, mit einem Fusselroller reinigen. Der Roller entfernt hartnäckige Tierhaare und Schmutzreste.

SCHRITT VIER Allzweckreiniger (siehe Nr. 197) auf ein Mikrofasertuch sprühen und damit Holz- und Metallteile am Sofa reinigen.

SCHRITT FÜNF Wenn Sie Staub, Obeflächenschmutz und Haare komplett vom Sofa gesaugt haben, kümmern Sie sich um Flecken. Wenn auf dem Pflegeetikett Ihrer Polstermöbel die Kürzel W oder SW stehen, können Sie auch einen Dampfreiniger verwenden. Befolgen Sie dabei die Anweisungen in der Bedienungsanleitung des Geräts.

172
DEN CODE KENNEN

Sie kennen ja bereits die Symbole auf dem Wäscheetikett – auch bei Polstermöbeln geben Etiketten Hinweise zur Pflege der Textilien. Hier ein kurzer Überblick, was diese Kürzel bedeuten:

O Nur mit kaltem Wasser reinigen, da der Stoff aus Naturfaser besteht.

S Nur mit Mitteln auf Lösungsmittelbasis reinigen – etwa mit denaturiertem Alkohol – oder chemisch reinigen lassen. Kein Wasser oder wasserbasierte Mittel verwenden.

SW Lösungsmittel- und/oder einen wasserbasierten Reiniger verwenden.

V Regelmäßig mit warmem Wasser und milder Seife reinigen. Keine aggressiven Putzmittel verwenden.

W Mit Wasser oder einem wasserbasierten Lösungsmittel oder Schaum reinigen.

X Nur mit dem Staubsauger reinigen oder professionell reinigen lassen.

Wenn das Sofa neu bezogen wurde oder Sie keine Pflegeanleitung dazu haben, testen Sie den Stoff zuerst mit Wasser an einer unauffälligen Stelle. Anschließend wie unter Nr. 171 beschrieben reinigen.

173
WEG MIT FLECKEN

Der Pflegecode gibt an, ob Sie zur Behandlung von Flecken einen Reiniger auf Lösungsmittel- oder auf Wasserbasis verwenden sollten. Kombinieren Sie dieses Wissen mit den Fleckentipps von Nr. 156, um eine geeignete Methode für Ihr Sofa zu finden. Verwenden Sie möglichst wenig Wasser, um die Polster nicht zu nass zu machen, und testen Sie den Stoff zuvor an einer unauffälligen Stelle.

174
FRISCHE POLSTER

Natron ist perfekt, um Polster aufzufrischen. Bestreuen Sie Kissen und gepolsterte Flächen mit einer dünnen Schicht Natron. Mindestens 15 Minuten oder noch besser über Nacht einwirken lassen, dann absaugen. Und schon ist der muffige Geruch weg!

175
POLSTERMÖBEL SCHAMPONIEREN

Schmutz und Flecken lassen sich ganz einfach mit selbstgemachtem Polsterschaum entfernen. (Außer Ihr Möbelstück trägt den Code S oder X auf dem Etikett.)

SCHÄUMEN Spülmittel und Wasser zu gleichen Teilen vermischen und aufschäumen. Den Schaum auf den Fleck auftragen.

REIBEN Den Schaum vorsichtig mit den Fingern in den Fleck reiben und etwa fünf Minuten einwirken lassen.

ABWISCHEN Einen Schwamm mit Wasser befeuchten und den Schaum abwischen. Mit einem Mikrofasertuch trockentupfen. Bei Bedarf wiederholen.

TROCKNEN Mit einem Mikrofasertuch so viel Feuchtigkeit wie möglich aufsaugen. Vollständig trocknen lassen.

176
PFLEGE FÜR EDLES LEDER

Leder altert mit der Zeit und durch die Benutzung, sodass eine wunderschöne Patina entsteht. Aber auch Leder benötigt regelmäßige Pflege. Wichtig ist außerdem der richtige Standort: Direktes Sonnenlicht, Heizung und Klimaanlage trocknen das Leder aus und machen es brüchig.

SCHRITT EINS Das Sofa wie ein normales Sofa mit Staubsauger und Fusselroller reinigen (siehe Nr. 171).

SCHRITT ZWEI Mit einem trockenen Mikrofasertuch abwischen. Essig und Wasser zu gleichen Teilen in einen Eimer geben und vermischen. Ein Mikrofasertuch damit leicht befeuchten. Die Polster und Kissen des Ledersofas abwischen. Das Tuch zwischendurch immer wieder in der Essiglösung auswaschen.

SCHRITT DREI Das Leder mit einem sauberen Tuch abtrocknen. Vorsicht: Wasserrückstände hinterlassen Flecken und machen das Leder brüchig.

177
FLECKEN AUS LEDER ENTFERNEN

Ledermöbel sind teuer. Umso schlimmer, wenn man auf ihnen einen Fleck entdeckt. Aber keine Panik – mit den folgenden Tricks sind Sie für Flecken aller Art gerüstet.

FETT Natron auf den Fleck streuen und einige Stunden einwirken lassen. Mit einem sauberen Tuch abwischen.

TINTE Reinigungsalkohol mit einem Wattestäbchen auf den Tintenfleck tupfen. Vorsicht beim Auftragen, damit der Fleck nicht verschmiert.

DUNKLE FLECKEN AUF HELLEM LEDER Weinstein und Zitronensaft zu gleichen Teilen vermischen. Die Paste auf den Fleck auftragen und zehn Minuten einwirken lassen. Mit einem feuchten Tuch abwischen und trockenwischen.

179
HOLZ HÄUFIG ABSTAUBEN

Holzmöbel, die in den letzten 50 Jahren hergestellt wurden, haben meist eine harte, transparente Beschichtung, die das Holz schützt und ihm Glanz verleiht. Handelsübliche Polituren können diese Schicht angreifen. Die beste Pflege ist daher eine minimalistische: Es genügt, die Möbel einmal in der Woche mit einem nur ganz leicht feuchten Mikrofasertuch von Staub und Schmutz zu befreien.

178
NATÜRLICHE MÖBELPOLITUR

Herkömmliche Möbelpolituren enthalten oft schädliche Chemikalien. Auch für neuere Möbel sind sie nicht geeignet, da sie die Beschichtung stumpf machen oder sogar beschädigen können. Verwenden Sie stattdessen eine selbstgemachte Möbelpolitur (siehe Nr. 197), die dem Holz edlen Glanz verleiht, ohne zu fetten. Einmal im Monat etwas Politur auf ein Mikrofasertuch geben und mit kräftigen, kreisförmigen Bewegungen verreiben. Trocken nachpolieren.

180
TISCHLEIN, ICH PUTZ DICH

Auch auf Couch- und Beistelltischen aus Holz sammelt sich mit der Zeit Staub an, sodass man auch sie gelegentlich reinigen muss. Geben Sie 1 EL Kastilienseife in 1 Liter Wasser. Ein Mikrofasertuch oder einen weichen Schwamm damit befeuchten und gut ausdrücken, dann den Tisch abwischen. Seifenreste mit einem sauberen, feuchten Tuch entfernen. Anschließend gründlich trockenwischen.

181
KAMIN REINIGEN

Reinigen Sie Ihren Kaminofen mindestens zweimal im Jahr und entfernen Sie während der Heizperiode wöchentlich die Asche. Einmal jährlich sollte der Kamin von einer Fachkraft inspiziert und professionell gereinigt werden. Fragen Sie am besten bei Ihrem Schornsteinfeger nach.

183
GUT GERÜSTET

Die Reinigung des Feuerraums ist eine dreckige Aufgabe für die man die richtigen Hilfsmittel braucht: Abdeckplane, Handschuhe, Schutzmaske, Lappen, Staubsauger und Mikrofasertücher.

182
FEUERRAUM LEEREN

Die Glut braucht drei Tage, um vollständig abzukühlen. Warten Sie mit der Reinigung daher mindestens so lange. Löschen Sie ein Feuer nicht mit Wasser. Dabei entsteht nur viel Rauch und die Asche wird hart.

WEGRÄUMEN Sämtliches Zubehör vom Kamin oder Ofen entfernen: Ofenschirm, Abdeckung, Feuerbock, Kaminbesteck und Feuerholz. Das Ofenrohr öffnen.

BEDECKEN Feuchten gemahlenen Kaffee auf die Asche im Kamin streuen, damit sie beim Herausholen nicht durch die Luft wirbelt.

ENTFERNEN Die Asche zusammenschaufeln und -kehren und in einen stabilen Sack oder in eine Dose füllen. Am besten ist ein verschließbarer Behälter, damit keine Asche herausfliegen kann. Alle Flächen abkehren. Die Asche auf den Kompost geben.

SAUGEN Mit dem Staubpinsel-Aufsatz alle Flächen im Kamin, die Ofenklappe und die Außenflächen und -bereiche saugen. Den Staubpinsel zwischendurch immer wieder säubern, um keinen Ruß zu verbreiten. Säubern Sie ihn auch nach der Reinigung.

LÖSEN Wenn der Feuerraum relativ neu und noch nicht dick mit Ruß überzogen ist, sprühen Sie ihn mit Allzweckreiniger ein (siehe Nr. 197), um den Schmutz zu lösen. Den Innenbereich mit einer harten Bürste schrubben. Die Bürste zwischendurch immer wieder mit Wasser auswaschen. Zum Schluss den Ruß mit einem Lappen einfach wegwischen.

ANPASSEN Finden Sie heraus, aus welchem Material der Feuerraum besteht, und folgen Sie der passenden Anleitung unter Nr. 184.

184
SAUBERKEIT IM FEUERRAUM

Offene Kamine, aber auch Kaminöfen sollten halbjährlich gründlich gereinigt werden, damit sie auch im nächsten Winter noch ansehnlich sind und tadellos funktionieren.

ZIEGEL Der Feuerraum eines offenen Kamins ist meist mit Ziegeln ausgekleidet, die den hohen Temperaturen standhalten. Die Reinigung macht zwar viel Dreck, aber kann von Ihnen selbst durchgeführt werden. Decken Sie den Boden und die Möbel in der Umgebung mit Planen ab und tragen Sie eine Schutzmaske und Handschuhe.

Salz und mildes Spülmittel oder Kastilienseife zu gleichen Teilen vermischen und dann mit etwas Wasser zu einer dicken Paste verrühren. Die Paste mit den Händen auf die Ziegel auftragen und 10–15 Minuten einwirken lassen. Dann mit einer Scheuerbürste schrubben. Rückstände mit einem nassen Schwamm entfernen, den Schwamm dabei oft auswaschen. So oft wie nötig wiederholen.

METALL UND KERAMIK Kaminöfen haben meist einen Feuerraum aus Metall und Keramik, an dem sich nicht so viel Ruß ablagert. Einfach mit dem Staubpinsel-Aufsatz aussaugen und bei Bedarf mit Wasser und Seife nachreinigen.

Nach jedem Winter sollte ein Schornsteinfeger den Kamin gründlich von Teeröl säubern.

185

EINEN GASOFEN REINIGEN

In Gaskaminen entsteht keine Asche. Dennoch kommt es durch verbrannte Partikel aus der Luft zu Ruß. Halten Sie sich an die folgende Anleitung, um Ihren Gasofen zu säubern.

SCHRITT EINS Den Gashahn abdrehen und den Feuerraum auskühlen lassen.

SCHRITT ZWEI Staub, Spinnweben und anderen Schmutz aus dem Feuerraum saugen. Prüfen Sie auch, ob die Rohre, Ventile und Gasdüsen sauber sind, um sicherzustellen, dass der Ofen einwandfrei funktioniert.

SCHRITT DREI Die Keramikscheite und andere Elemente, die Wärme verbreiten, absaugen. Sind Kleinteile vorhanden, zum Beispiel Lavasteine, geben Sie ein Mulltuch oder einen Nylonstrumpf über die Saugdüse, damit nichts eingesaugt wird.

SCHRITT VIER Die Innenseite des Kaminfensters mit Glasreiniger (siehe Nr. 197) und einem sauberen Mikrofasertuch reinigen. Ein frisches Tuch für die Außenseite verwenden.

187

DEN KAMINSIMS NICHT VERGESSEN

Rauch und Ruß verfärben mit der Zeit den Kamin und den Kaminsims. Die Reinigung ist einfach, aber Sie sollten wissen, ob das Material versiegelt ist. Räumen Sie zuerst alle Gegenstände vom Sims und entfernen Sie Bilder, die über dem Kamin hängen. Halten Sie die Hilfsmittel von Nr. 183 bereit und reinigen Sie je nach Material wie unten beschrieben.

STEIN Ein Mikrofasertuch oder einen Schwamm in warmes Seifenwasser tauchen und damit schrubben. Ein Tuch mit Wasser befeuchten und nachreinigen. Gut trockenwischen.

ZIEGEL Gehen Sie nach der Anleitung unter Nr. 184 vor.

HOLZ Mit einem Mikrofasertuch und warmer Seifenlösung abwischen. Mit einem sauberen, feuchten Mikrofasertuch nachreinigen. Danach unbedingt gründlich trockenwischen, da Wasser Flecken auf Holz hinterlassen kann.

METALL Den Sims mit mildem Essigreiniger (siehe Nr. 197) einsprühen und mit einem Mikrofasertuch abwischen – dabei immer in Richtung der Maserung arbeiten. Babyöl auftragen und wieder abwischen. Auf hartnäckige Flecken eine Paste aus Natron und Wasser auftragen und in Richtung der Maserung abwischen.

BETON Ein Mikrofasertuch oder einen Schwamm in warmes Seifenwasser tauchen und damit schrubben. Mit einem sauberen, feuchten Tuch nachreinigen. Gründlich trockenwischen. Ist der Beton versiegelt, können Sie auch eine weiche Scheuerbürste verwenden.

KACHELN Ein Mikrofasertuch oder einen Schwamm in warmes Seifenwasser tauchen und damit schrubben. Mit einem sauberen, feuchten Tuch nachreinigen. Gründlich trockenwischen. Fugen mit einer Fugenbürste und einer Paste aus Wasserstoffperoxid und Natron putzen (siehe Nr. 114).

186

KAMINZUBEHÖR PUTZEN

Wenn es zu kalt ist, um das Kaminzubehör im Freien zu putzen, können Sie es auch in der Badewanne reinigen. Zum Schutz von Fliesen und Wanne ein Handtuch in die Badewanne und eines auf den Boden davor legen.

LÖSEN Allzweckreiniger (siehe Nr. 197) auf ein Mikrofasertuch sprühen und das Zubehör damit von Ruß und Schmutz säubern.

EINWEICHEN Ein Handtuch in die Badewanne und das Zubehör darauflegen. In warmem Seifenwasser einweichen lassen.

SÄUBERN Das Zubehör (zum Beispiel Ofenschirm, Feuerbock, Kaminbesteck) mit einer Scheuerbürste, einer Zahnbürste oder einem Mikrofasertuch putzen. Abspülen und gut abtrocknen.

188

KAMINFENSTER SAUBERMACHEN

Saugen Sie Asche und Schmutz von der Innenseite des Kaminfensters. Anschließend Glasreiniger (siehe Nr. 197) auf ein Mikrofasertuch sprühen und das Glas damit abwischen. Hier ist Muskelschmalz gefragt: Der Ruß verschwindet meist erst nach mehrmaliger Reinigung. Hartnäckige Schmutzflecken mit einer Rasierklinge abschaben. Bei Bedarf das schmutzige Putztuch wechseln. Die Außenseite auf die gleiche Weise reinigen.

189

BILDER UND GEMÄLDE REINIGEN

Sie haben vielleicht keinen Monet in Ihrer privaten Sammlung, aber auch jedes andere Gemälde oder gerahmte Familienfoto sollte gereinigt werden, denn auch auf Bildern sammeln sich mit der Zeit Staub, Tierhaare und Rußpartikel an. Auch wenn Ihre Kunstwerke nur ideellen Wert besitzen, sollten Sie sie also halbjährlich sanft pflegen.

GEMÄLDE AUF LEINWAND Öl- und Acrylgemälde auf einer aufgespannten Leinwand befinden sich nie hinter Glas und sind daher Staub schutzlos ausgeliefert. Reinigen Sie die Bilder vorsichtig, um sie nicht zu beschädigen. Verwenden Sie einen weichen Künstlerpinsel aus Marderhaar und streichen Sie Staub behutsam vom Gemälde.

RAHMEN Der Lack von Bilderrahmen zerkratzt leicht. Behandeln Sie Rahmen daher nie mit Politur, Wasser oder Seife. Nur vorsichtig mit einem trockenen Mikrofasertuch abstauben. Das Tuch um einen Finger wickeln, um auch in die Ecken zu gelangen. Noch schmalere Bereiche, etwa auf kunstvoll verzierten Rahmen, mit einem Wattestäbchen säubern.

MUSEUMSGLAS Hierbei handelt es sich um entspiegeltes Glas, das kein Umgebungslicht reflektiert. Dadurch ist das Glas nahezu unsichtbar und Bilder kommen besonders gut zur Geltung. Museumsglas ist teuer und sollte mit besonderer Sorgfalt behandelt werden. Vermischen Sie ¼ Tasse Wasser und ¼ Tasse Reinigungsalkohol in einer Sprühflasche und befeuchten

Sie ein Mikrofasertuch damit – nie direkt auf das Glas sprühen! Das Glas dann mit kreisförmigen Bewegungen abwischen.

ACRYL- ODER PLEXIGLAS Diese leichteren Alternativen zu Glas sind UV-beständig und zerbrechen nicht so leicht. Man verwendet sie für größere Bilderrahmen und überall dort, wo Glas leicht zu Bruch gehen könnte, etwa in Kinderzimmern – und in Erdbebengebieten. Leider sind sie weicher als Glas und können sogar durch Papiertücher und trockenen Stoff zerkratzt werden. Entfernen Sie Fingerabdrücke mit einem trockenen Mikrofasertuch in kreisförmigen Bewegungen. Genügt das nicht, verwenden Sie milde Seifenlösung. Mit klarem Wasser nachwischen und mit einem frischen Tuch gründlich trockenwischen.

KLARGLAS Dieser Klassiker ist preiswerter als Acrylglas und wird häufig für Rahmen, die kleiner als 20 x 30 cm sind, verwendet. Auch ältere Bilder befinden sich oft hinter Klarglas. Es ist das einzige Material, das mit Glasreiniger (siehe Nr. 197) gereinigt werden sollte.

190

ANTIKE MÖBEL GUT BEHANDELN

Bei antiken Möbeln, egal ob gekauft oder geerbt, ist weniger mehr. Wenn Sie schon einmal die Sendung *Bares für Rares* gesehen haben, wissen Sie, dass die falsche Reinigung oder Restauration bleibende Schäden hinterlassen und den Wert von Antiquitäten verringern kann. Antike, geölte Möbel am besten nur regelmäßig abstauben und weder Politur noch Wachs verwenden. Wenn das Holz trocken wird, sollte es neu geölt werden. Ist das Möbelstück gewachst, muss es alle sechs Monate neu gewachst und kräftig poliert werden, damit es seinen Glanz behält. Auf Wachs weder Seife noch Öl verwenden. Für alle Antiquitäten gilt: Mit ganz besonderer Vorsicht reinigen.

Viele Museen bieten an, Antiquitäten zu schätzen. Dort können Sie sich auch beraten lassen: Wenn Sie nicht wissen, wie Sie ein wertvolles Möbelstück pflegen sollen, können Ihnen manche Museen weiterhelfen oder Sie an einen Restaurator in Ihrer Nähe verweisen.

Tipp

BLOSS KEIN BROT

Im Internet findet man oft den Tipp, Gemälde mit Weißbrot zu reinigen (weil Dreck daran klebenbleibt). Tun Sie das nicht: Das Brot hinterlässt Partikel, die Getier anziehen und zu Schimmelbildung führen können.

191
REINIGUNG DES FERNSEHERS

Um den Fernseher ist immer viel los: Filmabende mit der Familie oder spannende Serienmarathons. Ein sauberer Fernseher hat ein klares Bild und bleibt Ihnen länger erhalten. Vor dem Reinigen alle Stecker ziehen und den Fernseher abkühlen lassen.

RÖHRENFERNSEHER Vielleicht haben Sie noch einen dieser alten, klobigen Fernseher. Reinigen Sie Vorder- und Rückseite mit einem Mikrofasertuch und Glasreiniger (siehe Nr. 197).

Anschließend mit einem sauberen Mikrofasertuch trockenwischen.

PLASMA-, LCD-, LED- UND RÜCKPROJEKTIONSFERNSEHER Diese Bildschirme sind extrem empfindlich. Stauben Sie sie mit einem sauberen, trockenen Mikrofasertuch ab. Wischen Sie Vorder- und Rückseite und auch die Knöpfe ab, damit sich kein Staub ansammelt. Bei hartnäckigem Staub können Sie das Tuch mit destilliertem Wasser befeuchten und die Oberfläche ohne Druck in großen Kreisen abwischen. Bei Fingerabdrücken oder Schmutz eine Lösung aus je einem Teil Wasser und Branntweinessig auf ein Mikrofasertuch sprühen. Abwischen und dann trockenwischen.

192
LAUTSPRECHER SAUBERMACHEN

Lautsprecherboxen werden gern übersehen – aber auch hier sammelt sich unbemerkt viel Staub an. Saugen Sie die Abdeckung mit der Polsterdüse auf niedriger Stufe ab. Kann man die Abdeckung entfernen, saugen Sie auch die Rückseite. Festsitzenden Staub mit einem Fusselroller entfernen. Die Teile, die nicht mit Stoff bespannt sind, mit einem sauberen Mikrofasertuch und Wasser reinigen und die Lautsprecher dann komplett trocknen lassen.

193
SCHMUTZFREIE FERNBEDIENUNG

Eine hygienische Fernbedienung ist nicht nur wichtig, wenn jemand in der Familie krank ist (siehe Nr. 148) – am besten hält man sie immer sauber.

SCHRITT EINS Die Batterien entfernen, damit es nicht zu einem Stromschlag oder Kurzschluss kommt.

SCHRITT ZWEI Destilliertes Wasser und Alkohol zu gleichen Teilen vermischen. Ein Mikrofasertuch damit befeuchten (oder ein Feuchttuch verwenden) und die Fernbedienung rundherum abwischen.

SCHRITT DREI Ein Wattestäbchen in die Alkohollösung tauchen und auf und zwischen den Knöpfen reinigen.

SCHRITT VIER Die Fernbedienung vollständig trocknen lassen, bevor Sie die Batterien wieder einlegen.

194
AUCH BÜCHER BRAUCHEN PFLEGE

Bücher machen jeden Raum wohnlich. Oft stehen sie aber jahrelang unberührt im Regal – dabei sollten auch Bücher regelmäßig gepflegt werden.

STAUB Staubige Bücher mit einem Mikrofasertuch abwischen. Das Buch öffnen und leicht ausschütteln, um Staub im Inneren zu lösen.

TIERE Es gibt Insekten, die das Papier und das Klebemittel von Büchern fressen. Wickeln Sie ein befallenes Buch fest in Plastikfolie und geben Sie es für einige Stunden in die Gefriertruhe, um das Ungeziefer zu töten.

SCHIMMEL Wenn Sie Schimmelsporen auf den Seiten entdecken, bestreuen Sie die Blätter des Buchs mit Maisstärke. Einen Tag einwirken lassen, dann entfernen.

GERÜCHE Riechen Bücher modrig oder muffig, stellen Sie sie am besten einzeln und aufrecht mit ausgebreiteten Seiten und jeweils zusammen mit einer offenen Packung Natron in einen verschlossenen Behälter. Etwa eine Woche im Behälter lassen – dann sollte das Natron alle unangenehmen Gerüche aufgenommen haben.

195
SAUBERKEIT IM BÜCHERREGAL

Räumen Sie zuerst alle Bücher aus dem Regal. Saugen Sie dann die Regale mit der Fugendüse, um auch in die Ecken zu gelangen. Mit einem feuchten Mikrofasertuch nachwischen. Hartnäckigen Staub mit Allzweckreiniger (siehe Nr. 197) einsprühen, mit einem feuchten Tuch wegwischen und anschließend mit einem sauberen Tuch trockenwischen.

196
STAUBFREIE PFLANZEN

Pflanzen absorbieren Chemikalien und Schadstoffe aus der Luft und bringen Farbe und Leben in den Raum. Auf Zimmerpflanzen sammelt sich allerdings Staub, da sie nicht Regen und Wind ausgesetzt sind. Frischen Sie Ihre Pflanzen daher ein wenig auf!

ROBUSTE, WÄCHSERNE BLÄTTER Halten Sie jedes einzelne Blatt fest, während Sie es sanft mit einem feuchten Mikrofasertuch abwischen.

ZARTE BLÄTTER Pflanzen mit zarten Blättern und einem Topf mit genügend Abzugslöchern vorsichtig im Waschbecken abspülen.

KAKTEEN UND SUKKULENTEN Sehr zarte Pflanzen und solche, die nur wenig Wasser vertragen, mit Wasser aus einer Sprühflasche befeuchten.

Tipp

BÜCHER AUSMISTEN

Sortieren Sie einmal im Jahr Ihre Büchersammlung aus. Spenden Sie alte Kinderbücher, geben Sie sie in einen öffentlichen Bücherschrank oder tauschen Sie sie im Second-Hand-Laden ein. Sortieren Sie Ihre Sammlung und wählen Sie die Bücher, die Sie behalten möchten, mit Bedacht. Dann werden sich bald nur noch die Bücher im Regal befinden, die Ihnen wirklich wichtig sind.

197 REINIGER FÜR DAS GANZE HAUS

Diese natürlichen Reiniger sollten Sie immer rasch zur Hand haben, um Flecken sofort zu beseitigen und alle Flächen sauber zu halten.

ALLZWECKREINIGER

2 TL Borax
¼ TL Kastilien-Flüssigseife
10 Tropfen Zitronenöl

Alle Zutaten mit heißem Wasser in einer 500-ml-Sprühflasche vermischen.

MÖBELPOLITUR

½ Tasse Jojobaöl
2 EL Branntweinessig
5 Tropfen Zitronenöl für frischen Duft

Jojobaöl, Essig und Zitronenöl in ein luftdicht verschließbares 250-ml-Glas geben. Kräftig schütteln, bis alles vermischt ist.

GLASREINIGER

¼ Tasse Branntweinessig
5 Tropfen Zitronenöl

Alle Zutaten mit heißem Wasser in einer 500-ml-Sprühflasche vermischen.

MILDER ESSIGREINIGER

1 Teil Branntweinessig
2 Teile Wasser
5 Tropfen Lavendelöl

Essig und Wasser in einer 500-ml-Sprühflasche vermischen. Wenn Sie den Essiggeruch nicht mögen, geben Sie fünf Tropfen ätherisches Öl hinzu. Ich mag Lavendel-, Grapefruit-, Orangen-, Zitronen- oder Pfefferminzöl.

WOHNZIMMER
Checkliste

Das Wohnzimmer soll für Gäste und die Familie einladend wirken – und frei von Staub, Unordnung und Schmutz sein. Wird der Raum häufig benutzt, ist eine tägliche Grundreinigung notwendig, damit man sich darin auch wohlfühlen kann. Beseitigen Sie Dreck und Flecken immer sofort und machen Sie den Raum einmal in der Woche gründlich sauber, damit die alten Zeitschriften und Tennisschuhe unter dem Sofa nicht zum Dauerzustand werden.

Die Zahlen beziehen sich auf die Einträge, nicht auf die Seitenzahlen. Achten Sie darauf, wenn Sie Informationen zu bestimmten Materialien oder Methoden nachschlagen möchten.

TÄGLICH

☐ Rasche Grundreinigung 170
☐ Verschüttetes und Flecken beseitigen
☐ Böden fegen oder saugen 30
☐ Sofakissen zurechtrücken
☐ _____
☐ _____
☐ _____

WÖCHENTLICH

☐ Sichtschutz abstauben 14
☐ Türen und Leisten abstauben 18
☐ Lichtschalter putzen 19
☐ Decken, Wände abstauben 20
☐ Teppiche und Vorleger saugen 42, 44
☐ Lampen und Kronleuchter abstauben 52, 56
☐ Flächen, Zubehör abstauben 170
☐ Holzmöbel abwischen 179
☐ Fernseher abstauben 191
☐ Fernbedienungen reinigen 193

MONATLICH

☐ Spiegel putzen 13
☐ Sichtschutz absaugen 14
☐ Mülleimer säubern 28
☐ Türgriffe reinigen 29
☐ Polstermöbel saugen 171, 176
☐ Ledermöbel reinigen 176
☐ Holzmöbel polieren 178
☐ Lautsprecher saubermachen 192
☐ Bücher und Bücherregale abstauben 194, 195
☐ _____
☐ _____

HALBJÄHRLICH (FRÜHJAHR UND HERBST)

☐ Fenster putzen 12
☐ Sichtschutz gründlich reinigen 14
☐ Türen und Leisten reinigen 18
☐ Wände reinigen 20
☐ Außentüren reinigen 27
☐ Lampenschirme reinigen 53
☐ Lampen reinigen 55
☐ Wand- und Deckenleuchten, Kronleuchter reinigen 54, 56, 57
☐ Polster gründlich reinigen 171
☐ Kaminofen putzen 181
☐ Bilder und Gemälde reinigen 189
☐ Pflanzen abstauben 196
☐ Bücherregale saugen und abwischen 195
☐ Schornsteinfeger bestellen 184
☐ _____
☐ _____
☐ _____
☐ _____
☐ _____
☐ _____
☐ _____
☐ _____
☐ _____

198
ESSZIMMER NEU ENTDECKT

Jahrelang ging der Trend weg vom förmlichen Esszimmer – man empfing seine Gäste in lockerer Atmosphäre und Wohnküchen wurden populär. Heute wird das separate Esszimmer wieder mehr geschätzt. Er muss auch nicht steif und förmlich sein, sondern einfach ein besonderer Bereich, in dem wir sitzen, essen und uns unterhalten.

Nutzt man den Raum nicht täglich, verstaubt er mit der Zeit oder er verkommt zum Abstellraum. Braucht man den Raum dann für Gäste, muss man erst einmal aufräumen. Darum lohnt es sich, wöchentlich abzustauben und einmal im Monat gründlicher sauberzumachen, sodass man stets für Besuch bereit ist. Wer täglich im Esszimmer isst, sollte den Raum auch täglich putzen.

199
AUF GÄSTE VORBEREITET SEIN

Zweimal im Jahr sollte das Esszimmer gründlicher gereinigt werden, zum Beispiel vor Weihnachten und Ostern, wenn die ganze Familie und die Verwandten zum Essen kommen.

TEPPICHE Bewegliche Teppiche und den Boden darunter saugen. Teppich und Unterlage, wenn möglich, zum Lüften nach draußen hängen. Den Staub ausschütteln oder den Teppich von der Rückseite her mit einem Teppichklopfer ausklopfen. Ist der Teppich zu sperrig, um ihn nach draußen zu tragen, rollen Sie ihn zusammen und saugen Sie den Boden darunter.

BÖDEN Bei der Gelegenheit gleich den Boden gründlich reinigen. Die besten Methoden für verschiedene Materialien finden Sie unter Nr. 033–041.

SICHTSCHUTZ Vorhänge, Stoffrollos und Jalousien auslüften. Bei Bedarf waschen oder chemisch reinigen lassen (siehe Nr. 014–017).

FENSTER Alle Fenster innen und außen putzen (siehe Nr. 012).

WÄNDE UND DECKEN Heizung und Klimaanlagen verteilen den Staub im ganzen Haus, sodass er sich auch auf Decken und Wänden niederlässt. Wie Sie diese Bereiche reinigen, erfahren Sie unter Nr. 020–026.

LÜFTUNG Das Lüftungsgitter abnehmen. Staub und Ablagerungen in warmem Seifenwasser abwaschen. Das Gitter gut trocknen lassen (siehe auch Nr. 113).

LEUCHTEN Fest verbaute Leuchten von der Decke oder den Wänden nehmen, um sie besser reinigen zu können. Lampenschirme aus Stoff oder Glas nach den Anleitungen unter Nr. 051–055 reinigen.

200
FÜR FESTLICHKEIT SORGEN

Stoffservietten, Tischsets und Tischläufer sind nicht nur für Gäste da. Sie sind eine umweltfreundliche Alternative zu Wegwerfprodukten aus Papier. Viele Stoffsets können auch in der Maschine gewaschen werden. Vor allem aber macht Tischwäsche aus Stoff das Esszimmer viel freundlicher, gemütlicher und festlicher. So wirkt selbst das Abendessen unter der Woche wie ein Festmahl.

201
TISCHWÄSCHE WASCHEN

Falls Sie Stoffservietten bisher gemieden haben, weil Sie nicht wussten, wie Sie sie waschen sollen, habe ich gute Nachrichten: Die meisten neueren Stoffe dürfen in die Waschmaschine. Zuerst Flecken gezielt nach der Anleitung unter Nr. 156 behandeln, dann die Tischwäsche mit anderer Wäsche in ähnlichen Farben in die Waschmaschine geben, aber nicht zu voll machen. Erst im Schongang warm waschen, danach mit einem kalten Spülprogramm.

Tipp

STOFFE NATÜRLICH WEICH MACHEN

Handelsübliche Weichspüler schaden den Fasern. Da Tischwäsche sehr oft gewaschen werden muss, sollten Sie hier auf Weichspüler verzichten. Als schonenden natürlichen Weichspüler können Sie ½ Tasse Essig in das Weichspülerfach geben, sodass er im Spülgang hinzugefügt wird.

202
ERBSTÜCKE VON HAND WASCHEN

Älteres Leinen, Erbstücke und textile Antiquitäten wäscht man am besten von Hand. Man kann sie auch über Nacht in klarem Wasser einweichen.

SCHRITT EINS Das Waschbecken (oder einen großen Behälter) mit einem Handtuch auslegen, um die nasse Wäsche später leichter herausheben zu können. Das Becken mit eiskaltem Wasser füllen und die Textilien einweichen.

SCHRITT ZWEI Das Handtuch an den Ecken greifen und die Wäsche aus dem Wasser heben. Das Wasser ablassen. Wäsche und Handtuch wieder ins Waschbecken geben.

SCHRITT DREI Flecken mit der passenden Methode behandeln (siehe Nr. 156). Das Waschbecken mit warmem Wasser füllen und Waschpulver (siehe Nr. 159) hinzugeben. Die Wäsche wieder einweichen.

SCHRITT VIER Die Wäsche sanft im Wasser schwenken (nicht reiben oder auswringen), dann 15–30 Minuten einweichen lassen. Die Wäsche niemals über Nacht im Wasser lassen!

SCHRITT FÜNF Die Wäsche wieder mit dem Handtuch herausheben. Das Wasser ablassen. Die Wäsche ausspülen, bis das Wasser klar bleibt.

SCHRITT SECHS Die Wäsche sanft ausdrücken. Dann in trockene Handtücher einrollen, erneut ausdrücken und, wenn möglich, auf der Leine trocknen lassen. Weiße Wäsche in die Sonne, Buntwäsche in den Schatten hängen. Die Wäsche abnehmen und bügeln, solange sie noch feucht ist.

203
FEUCHT BÜGELN

Früher wurde gewaschene Wäsche mit Wasser eingesprüht und bis zum Bügeln zusammengerollt. Das tat man, weil Baumwolle und Leinen in leicht feuchtem Zustand einfacher zu bügeln sind. Heute kann man die Wäsche stattdessen einfach ein wenig früher aus dem Trockner nehmen.

205 BÜGEL-TIPPS

Legen Sie beim Bügeln von Servietten und Co ein weißes Handtuch auf das Bügelbrett. Es gibt der Wäsche Halt, sodass sie leichter gebügelt werden kann. Bügeln Sie Tischdecken von links, um Glanzflecken auf der Oberseite zu vermeiden.

Monogramme und andere Stickereien mit der Unterseite nach oben auf ein weiches Handtuch legen und von links bügeln, um sie nicht plattzudrücken.

206
GUT AUFGEHÄNGT

Alte Pappröhren (etwa von Geschenkpapier) der Länge nach aufschneiden. Die Röhre dann auf den unteren Steg eines Kleiderbügels stecken und die Wäsche darüberhängen. Legen Sie eventuell ein Stück säurefreies Papier zwischen Pappe und Stoff. Die Wäsche passt nur gefaltet auf den Bügel, aber dank der Pappe entstehen keine scharfen Falten. Auch auf Hosenbügeln mit Klammern kann man Tischwäsche aufhängen.

204
MEHR PLATZ ZUM BÜGELN

Es ist ziemlich umständlich, eine große Tischdecke auf dem Bügelbrett zu bügeln. So klappt's: Legen Sie ein sauberes Tuch vor das Bett und stellen Sie das Bügelbrett zwischen Tuch und Bett auf. Die Tischdecke auf das Bügelbrett legen und bügeln. Den bereits glatten Teil der Tischdecke nach und nach auf das Bett weiterschieben. Das Tuch vor dem Bett sorgt dafür, dass die Tischdecke keinen Staub vom Boden aufnimmt. Das Auflegen der Tischdecke auf dem Bett hilft, neue Knitterfalten zu vermeiden.

Tipp
WÄSCHE SCHÜTZEN

Papiertaschentücher, Zeitungspapier, Pappe, Holz und selbst die Schutzhüllen aus der Reinigung schaden Baumwolle und Leinen. Altes Leinen, das vergilbt und fadenscheinig ist, wurde oft falsch aufbewahrt. Schützen Sie Ihre Tischwäsche mit gepuffertem, säurefreiem Papier. Ob aufgehängte, eingerollte oder gefaltete Wäsche: Legen Sie ein Stück säurefreies Papier zwischen die Stofflagen oder rollen Sie es in den Stoff ein. Legen Sie Holzregale mit einer doppelten Schicht aus säurefreiem Papier aus.

207 FLECKEN IM ESSZIMMER

Auch wenn gerade Gäste im Haus sind, sollten Sie Flecken rasch behandeln, damit sie sich nicht im Stoff oder auf dem Tisch festsetzen. Verschüttet jemand ein Glas Wein, tupfen Sie die Flüssigkeit auf und bestreuen Sie den Fleck mit reichlich Salz. Bedecken Sie den Fleck dann mit einer Serviette und kümmern Sie sich um ihn, sobald Ihre Gäste weg sind.

GLÄSERRINGE

BEHANDELTES HOLZ	Vaseline oder Mayonnaise auf den Ring auftragen und 8–10 Stunden einwirken lassen. Mit einem Tuch abwischen.
UNBEHANDELTES HOLZ	Den Fleck mit feinem Schleifpapier aus dem Holz polieren.
MARMOR	Eine Paste aus Natron und Wasser auftragen, für 24 Stunden mit Plastikfolie bedecken, abwischen und trockenwischen.
TISCHWÄSCHE: TEE ODER KAFFEE	Flüssigkeit auftupfen, dann Essig oder Zitronensaft auftragen und 5–10 Minuten einwirken lassen. Den Fleck mit Spülmittel einreiben und dann auswaschen.
TISCHWÄSCHE: ROTWEIN	Den Fleck mit Salz bedecken und eine Stunde einwirken lassen. Das Salz entfernen. Kochendes Wasser durch den Fleck gießen. Bei Bedarf wiederholen.

WEIN

BEHANDELTES HOLZ	Sofort auftupfen. Eine Paste aus gleichen Teilen Natron und Zitronen- oder Leinöl auftragen und 30 Minuten einwirken lassen. Mit einem feuchten Mikrofasertuch wegwischen, danach trockenwischen.
MARMOR	Sofort auftupfen. Eine Paste aus gleichen Teilen Natron und Wasser auftragen, für 24 Stunden mit Plastikfolie bedecken, abwischen und trockenwischen.
TISCHWÄSCHE	Den Fleck mit Salz bedecken und eine Stunde einwirken lassen. Das Salz entfernen. Kochendes Wasser durch den Fleck gießen. Bei Bedarf wiederholen.

KERZENWACHS

BEHANDELTES HOLZ	Einen Kühlakku oder Eiswürfel in eine Plastiktüte geben. Das Wachs damit härten, dann mit einer alten Kreditkarte im 45°-Winkel abschaben. Das Holz mit Möbelpolitur (siehe Nr. 197) und einem Mikrofasertuch polieren.
UNBEHANDELTES HOLZ	Einen Kühlakku oder Eiswürfel in eine Plastiktüte geben. Das Wachs damit härten, dann mit einer alten Kreditkarte im 45°-Winkel abschaben. Ist das Wachs ins Holz gesickert, den Fleck mit Papiertüchern bedecken und ein Bügeleisen (auf niedrigster Stufe und ohne Dampf) darüberhalten. Das Papier nimmt das geschmolzene Wachs auf.
MARMOR	Einen Kühlakku oder Eiswürfel in eine Plastiktüte geben. Das Wachs damit härten, dann mit einer alten Kreditkarte im 45°-Winkel abschaben. Rückstände mit warmem Seifenwasser entfernen, feucht abwischen und trockenpolieren.
GLAS	Vorsichtig mit einer alten Kreditkarte im 45°-Winkel abschaben. Wachsreste mit einem Fön erwärmen und abschaben. Anschließend das Glas mit Glasreiniger (siehe Nr. 197) putzen.
TISCHWÄSCHE	Die Tischwäsche in eine Plastiktüte und dann ins Gefrierfach geben, um das Wachs zu härten. Dann nach der Anleitung für unbehandeltes Holz vorgehen. Farbrückstände von farbigen Kerzen mit Reinigungsalkohol entfernen.

208
UMGANG MIT FEINEM PORZELLAN

Ein edles Tafelservice aus Porzellan verleiht jedem Tisch Eleganz – ganz egal, ob das Geschirr ein Erbstück oder neu ist. Bewahren Sie diese Eleganz und spülen Sie es nicht in der Spülmaschine, wo es leicht beschädigt wird und Verzierungen verblassen können.

209
SICHER VERSTAUEN

Legen Sie Papiertücher, Kaffeefilter, Filz oder Flanell zwischen die Teller und stapeln Sie nicht mehr als fünf Teller übereinander. Diese Einlagen schützen das Geschirr. Tassen aus Porzellan bitte nicht stapeln, sondern auf eigens dafür angebrachte Haken hängen oder mit dem Rand nach oben in den Geschirrschrank stellen.

210
KRISTALL UND GLAS REINIGEN

Wenn Sie Kristall- und anderes Glas abspülen, legen Sie zum Schutz ein Handtuch oder eine Gummimatte in das Spülbecken. 1 EL Branntweinessig ins Spülwasser geben, um Wasserflecken vorzubeugen. Gläser, die Sie häufig benutzen, mit dem Rand nach oben lagern, andere mit dem Rand nach unten.

ABSCHABEN Essensreste mit einem Gummispatel entfernen (Metall zerkratzt das Porzellan). Abspülen.

SCHÜTZEN Das Spülbecken zum Schutz mit einem Handtuch oder einer Gummimatte auslegen.

WASCHEN Das Becken mit warmem Wasser füllen, einige Spritzer mildes Spülmittel hinzugeben und dann jedes Stück mit einem weichen Tuch oder Schwamm abspülen. Mit klarem Wasser spülen und dann abtrocknen.

211
GLÄNZENDES SILBERBESTECK

Gutes Silberbesteck spart man gern für besondere Anlässe auf. Aber gerade wenn man es täglich benutzt und reinigt, läuft es seltener an.

SPÜLMASCHINE Sterlingsilber darf in die Spülmaschine, aber es sollte nicht mit Edelstahl in Kontakt kommen, da Silber mit Edelstahl chemisch reagiert und sich dauerhaft verfärben kann. Das Silber immer mit einem sauberen, trockenen Tuch von Hand abtrocknen.

HANDWÄSCHE Verwenden Sie ein Mikrofasertuch und mildes Spülmittel, wenn Sie das Silberbesteck von Hand spülen. Silber ist weich und zerkratzt leicht – werfen Sie es also nicht einfach in die Spüle. Gut abtrocknen und mit einem sauberen Tuch nachpolieren.

GRIFFE Besteck mit Griffen aus Horn, Ebenholz oder Perlmutt gehören nicht in die Spülmaschine. Stattdessen von Hand waschen, abtrocknen und die Griffe mit Olivenöl polieren.

212
SILBER POLIEREN

Polieren Sie Ihr Silberbesteck regelmäßig, das schützt vor Anlaufen und Korrosion. Wird das Besteck richtig aufbewahrt – in Flanell oder Filz – müssen Sie es seltener reinigen. Handelsübliche Silberpolituren geben schädliche Dämpfe ab, daher habe ich eine bessere Alternative.

SCHRITT EINS Das Spülbecken oder eine große Backform mit Alufolie auslegen (glänzende Seite nach oben) und die Besteckteile vorsichtig darauflegen, um das weiche Metall nicht zu zerkratzen. Alternativ eine Form aus Aluminium verwenden.

SCHRITT ZWEI Auf und um das Besteck ½–1 Tasse Natron verteilen und kochendes Wasser daraufgießen, bis alle Teile bedeckt sind.

SCHRITT DREI Fünf bis höchstens zehn Minuten einweichen lassen, dann mit warmem Wasser abspülen. Abtrocknen und mit einem Mikrofasertuch polieren. Bei Bedarf weitere fünf Minuten einweichen.

SCHRITT VIER Zahnpasta (kein Gel, keine Whitening-Zahnpasta) mit einem Mikrofasertuch auf Flecken auftragen, dann abwischen und polieren.

213
ESSTISCH PFLEGEN

Der Esstisch ist das Herzstück des Esszimmers oder der Küche und sollte ein Blickfang sein. Holzmöbel benötigen nicht viel Pflege, um ansehnlich zu bleiben, sie sollten aber auch nicht vernachlässigt werden.

KLARLACK Haben Holztisch und Stühle eine harte, transparente Versiegelung, müssen die Möbel nur mit einem leicht feuchten Mikrofasertuch abgewischt werden. Vergessen Sie nicht, auch die Tisch- und Stuhlbeine zu säubern. Besonders in geschnitzten Verzierungen sammelt sich gern Staub an.

BEMALTE MÖBEL Reinigen Sie bemalte oder lasierte Holzmöbel mit einem feuchten Tuch. Entfernen Sie Flecken von Speisen und Flüssigkeiten mit mildem Seifenwasser und wischen Sie die Möbel immer gründlich trocken.

214
HOLZ NATÜRLICH POLIEREN

In den 1950er-Jahren waren Möbelpolituren der letzte Schrei und man konnte mit dem Glanz der Möbel seine Gäste beeindrucken. Heute weiß man, dass die Chemikalien, die in diesen Produkten enthalten sind, nicht in den Haushalt gehören. Da hilft auch ihr frischer Duft nicht. Egal, was uns die Werbung weismachen will, man kann Holzmöbel auch mit ganz natürlichen Mitteln pflegen und zum Glänzen bringen.

Meine Möbelpolitur (siehe Nr. 197) enthält nur natürliche Bestandteile, was mir sehr wichtig ist. Sie ist schonender als kommerzielle Produkte und erzeugt dennoch einen schönen Glanz. Tauchen Sie den Zipfel eines Mikrofasertuchs in die Politur und reiben Sie sie mit schnellen, kreisförmigen Bewegungen in das Holz. Anschließend mit einem trockenen Mikrofasertuch nachpolieren. Damit sich die Politur nicht zu dick ablagert, poliere ich meine Möbel nur einmal im Monat oder wenn das Holz trocken wirkt.

215
GENÜGEND ZEIT FÜR DIE GÄSTE

Ein gemeinsames Essen mit Freunden oder der Familie ist immer ein Highlight, aber selbst ein lockeres Beisammensein kann durch ein aufwendiges Menü und Übereifer in Stress münden. Ihre Gäste möchten schließlich Zeit mit Ihnen verbringen und Sie nicht nur gehetzt bei der Arbeit sehen: Heißen Sie also Ihre Gäste willkommen und genießen Sie die gemeinsame Zeit, dann werden sie sich auch auf den nächsten Besuch wieder freuen.

216
SAGEN SIE JA!

Wenn Ihnen jemand anbietet, beim Abräumen des Geschirrs zu helfen, nehmen Sie das Angebot dankend an. Wenn eine Freundin die Spülmaschine einräumt, während Sie Kaffee machen oder das Dessert servieren, kann Ihr Partner bei den anderen Gästen bleiben – oder umgekehrt.

217
GUT VORBEREITET

Nicht nur Speisen kann man vorbereiten, Sie können auch schon im Voraus putzen. Ihre Gäste werden nicht merken, dass Sie das Esszimmer schon am Tag zuvor abgestaubt und gesaugt haben. Sogar den Tisch können Sie schon einen Tag vorher decken. Dann haben Sie am Tag der Dinnerparty viel weniger Stress. Und während Sie sich um das Menü kümmern, sorgt der hübsch gedeckte Tisch sofort für festliche Stimmung.

218 NEBENBEI ABSPÜLEN

Irgendwann landen immer alle Gäste in der Küche. Die köstlichen Düfte und Ihre Gesellschaft sind einfach unwiderstehlich! Ihre Gäste schätzen Ihre Mühen, aber sie wollen keine Chaosküche sehen. Räumen Sie Teller und Besteck daher gleich nach dem Essen in die Spülmaschine und spülen Sie Töpfe und Pfannen ab. Haben Sie außerdem immer ein Mikrofasertuch zur Hand, um Spritzer auf den Arbeitsflächen sofort zu beseitigen.

Tipp

MÖBEL UMSTELLEN

Wärme und Luftfeuchtigkeit können Holzmöbeln schaden. Stellen Sie die Möbel daher regelmäßig um, damit kein Möbelstück zu lange an einem ungünstigen Platz steht. Halten Sie die Möbel zudem von starkem Sonnenlicht, Heizungen und Öfen fern.

ESSZIMMER
Checkliste

Im Esszimmer stehen in der Regel nicht viele Möbel. Umso stärker fällt ein übersehenes Spinnennetz oder ein staubiger Tisch ins Auge. Halten Sie Ihr Esszimmer mithilfe dieser Liste daher stets sauber, sodass Sie jederzeit Gäste empfangen können.

Die Zahlen beziehen sich auf die Einträge, nicht auf die Seitenzahlen. Achten Sie darauf, wenn Sie Informationen zu bestimmten Materialien oder Methoden nachschlagen möchten.

TÄGLICH

- ☐ Verschüttetes und Flecken beseitigen
- ☐ Böden fegen oder saugen *30*
- ☐ Esszimmer aufräumen *198*
- ☐ Esstisch abwischen *213*
- ☐ Flecken auf Textilien entfernen *156*
- ☐ Tischwäsche waschen *201*

WÖCHENTLICH

- ☐ Sichtschutz abstauben *14*
- ☐ Türen, Leisten abstauben *18*
- ☐ Lichtschalter putzen *19*
- ☐ Wände, Decken abstauben *20*
- ☐ Böden wischen *31*
- ☐ Teppiche und Vorleger saugen *42, 44*
- ☐ Lampen und Kronleuchter abstauben *52, 54, 56*
- ☐ _____
- ☐ _____
- ☐ _____
- ☐ _____
- ☐ _____
- ☐ _____
- ☐ _____

MONATLICH

- ☐ Spiegel putzen *13*
- ☐ Sichtschutz absaugen *14*
- ☐ Türgriffe reinigen *29*
- ☐ Holzmöbel polieren *214*
- ☐ Lampen und Kronleuchter reinigen *52, 54, 56*
- ☐ _____
- ☐ _____

HALBJÄHRLICH (FRÜHJAHR UND HERBST)

- ☐ Fenster putzen *12*
- ☐ Sichtschutz gründlich reinigen *14*
- ☐ Türen und Leisten reinigen *18*
- ☐ Wände reinigen *20*
- ☐ Lampenschirme reinigen *53*
- ☐ Lampen reinigen *55*
- ☐ Wand- und Deckenleuchten und Kronleuchter reinigen *54, 56, 57*
- ☐ Silber polieren *212*
- ☐ Teppiche reinigen *199*
- ☐ Unter Teppichen wischen *199*
- ☐ Lüftungsgitter waschen *199*
- ☐ _____
- ☐ _____
- ☐ _____
- ☐ _____
- ☐ _____
- ☐ _____
- ☐ _____

219
EIN ORT DER ENTSPANNUNG

Als Erwachsene halten wir oft ganz automatisch Ordnung: Wir machen das Bett, geben getragene Kleidung in den Wäschekorb und legen ungetragene Klamotten zurück in den Schrank. Wenn die Zeit knapp ist, werden wir jedoch manchmal nachlässig: Außer der Familie sieht es schließlich niemand – vor allem im Schlafzimmer. Aber nur ein sauberes, aufgeräumtes Schlafzimmer ist auch ein erholsamer Rückzugsort. Tun Sie sich selbst etwas Gutes und machen Sie Ihr Schlafzimmer zu einem Ort der Entspannung.

222
KISSEN SCHONEN

Unter den Kissenbezug kommt ein Kissenschoner mit Reißverschluss. Diese zusätzliche Schutzschicht bewahrt das Kissen vor Hautfett und Kosmetikrückständen. Vor allem aber schützt es Ihre Familie vor Staubmilben und anderen Allergenen im Inneren des Kissens. Waschen Sie den Schonbezug einmal im Monat wie die Kissenbezüge ohne Bleichmittel oder Weichspüler. Im Trockner bei niedriger Hitze trocknen und nicht bügeln.

223
KUSCHELIGE BETTWÄSCHE

220
MÜHELOS SAUBER

Im Schlafzimmer bewirtet man keine Gäste, darum wird es oft gar nicht dekoriert. Dabei verbringen wir ein Drittel unseres Lebens im Bett, wo sich unser Körper im Schlaf regeneriert. Das Schlafzimmer sollte daher ein Ort sein, an dem man auch die Seele baumeln lassen kann, der Sie morgens beflügelt und wo Sie abends zur Ruhe kommen können. Wichtig ist, dass Sie den Raum pflegeleicht einrichten, um sich Zeit und Mühe zu sparen. Ist das Schlafzimmer rasch und einfach zu reinigen, können Sie sich am Abend wichtigeren Dingen widmen.

SICHTSCHUTZ Hübsche, pflegeleichte Outdoor-Vorhänge, die man auch drinnen aufhängen kann, sind eine tolle Alternative zu Seidenvorhängen. Innenliegende Fensterläden (Shutters) sind schick und leicht zu reinigen.

BÖDEN Muss es unbedingt Teppich sein oder tut es auch ein Hartholzboden, von dem man Staub schneller und einfacher entfernen kann?

BETTZEUG Bettvolants, Zierkissen und Bettbezüge sollten aus waschbaren Stoffen bestehen. Ich mag am liebsten schlichte weiße Bettwäsche, weil sie einfach toll aussieht und ich sie jede Woche in der Waschmaschine reinigen kann.

Geben Sie, anstatt einen Weichspüler mit schädlichen Chemikalien zu verwenden, einfach bei jeder Wäsche ½ Tasse Essig in das Weichspülerfach. Essig ist ein natürlicher Weichmacher, der zudem Waschmittelrückstände von der Bettwäsche entfernt.

221
BETTWÄSCHE WASCHEN

Ich wasche Bettwäsche einmal in der Woche. Das geht schnell und es lohnt sich: Ich liebe es, abends in ein frisch bezogenes Bett zu schlüpfen. Für Bettwäsche gilt: Warmes Wasser verwenden, Farben trennen und die Wäsche nur bei geringer Hitze trocknen. Die Wärme des Trockners kann Flecken dauerhaft im Stoff fixieren. Behandeln Sie Flecken daher schon, bevor Sie die Bettwäsche in den Trockner geben (siehe Nr. 156).

224
KISSEN BEZIEHEN

Es lohnt sich, ein paar Kissenbezüge extra zu haben, falls man sie öfter als einmal in der Woche wechseln muss. Make-up und Cremes können Flecken hinterlassen, die Sie rasch entfernen sollten. Jugendliche brauchen vielleicht noch öfter einen frischen Kissenbezug, um Hautproblemen vorzubeugen und sie nicht zu verschlimmern.

225
FALTEN REDUZIEREN

Holen Sie Ihre Bettwäsche aus dem Trockner, bevor sie ganz trocken ist, um Knitterfalten zu reduzieren. Das Bett beziehen, die Falten mit der Hand glätten und die Wäsche lufttrocknen lassen, bevor Sie das Bett machen.

226
KISSENPFLEGE

Kissenbezüge werden regelmäßig gewaschen, aber was ist mit den Kissen selbst? Kopfkissen sollten zweimal im Jahr gründlich gereinigt werden. Die meisten Kissen mit Synthetik- oder Daunenfüllung sind waschbar, aber schauen Sie zur Sicherheit auf dem Pflegeetikett nach.

SCHRITT EINS Sämtliche Bezüge abziehen, auch Schutzbezüge und Anti-Allergie-Bezüge. Waschen Sie die Bezüge separat.

SCHRITT ZWEI Immer zwei Kissen auf einmal in die Waschmaschine geben, um die Trommel gleichmäßig zu belasten. Flüssigwaschmittel und warmes Wasser verwenden. Zwei Spülgänge einstellen, um möglichst viel Waschmittel auszuwaschen.

SCHRITT DREI Die Kissen in den Trockner geben. Daunen mit Kaltluft trocknen, Synthetik bei geringer Hitze. Trocknerbälle aus Wolle machen die Kissen flauschig und lösen Klumpen.

227
MEMORY-SCHAUM AUFFRISCHEN

Kissen aus Memory-Schaum passen sich dem Körper an und bieten dadurch perfekte Unterstützung. Das Material verlangt allerdings spezielle Pflege.

EINWEICHEN Den Bezug abziehen und das Kissen in warmem Wasser einweichen, etwa im Waschbecken oder in einer Wäschewanne.

KNETEN Einen Esslöffel mildes Flüssigwaschmittel ins Wasser geben. Das Kissen sanft durchkneten, um Wasser und Waschmittel zu verteilen.

SPÜLEN Das Wasser ablassen und das Becken mit klarem, kalten Wasser füllen. Das Kissen durchkneten und die Seifenreste herausdrücken. Das Wasser so oft wechseln, bis kein Schaum mehr aus dem Kissen kommt.

TROCKNEN Memory-Schaum nie in den Trockner geben. Das Wasser nur sanft herausdrücken und das Kissen dann auf einem weißen Handtuch lufttrocknen lassen.

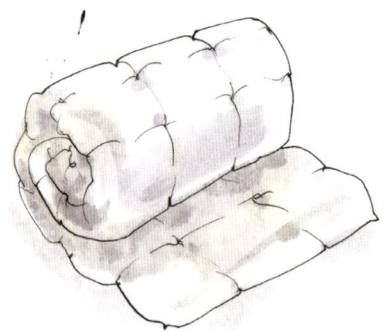

228
DIE BETTDECKE SCHONEN

Waschen Sie Ihre Bettdecken nicht öfter als zweimal im Jahr. Häufiges Waschen führt dazu, dass die Füllung verklumpt und die Decke nicht mehr so gut wärmt. Nur eine fluffige Füllung speichert Luft und bietet eine Isolierung, sodass die Körperwärme nicht entweichen kann. Sie können auch eine Tagesdecke über das Bett legen, um die Decke vor Staub zu schützen. Waschen Sie die Tagesdecke einmal im Monat.

229
BETTDECKEN REINIGEN

Vor dem Waschen der Bettdecken die Hinweise auf dem Pflegeetikett lesen. Etwaige Flecken, Risse und Löcher vorher behandeln. Entfernen Sie Flecken wie unter Nr. 156 beschrieben und schieben Sie dabei die Füllung unter dem Fleck zur Seite. Wenn die Decke nicht in Ihre Waschmaschine passt, können Sie sie im Waschsalon in einer großen Maschine waschen oder in die Textilreinigung geben.

DAUNEN, BAUMWOLLE, SYNTHE-TIK Diese Materialien nur im Schongang und mit einem milden Waschmittel warm oder kalt waschen. Die Decke gleichmäßig in der Waschtrommel ausbreiten und den Waschgang mit zwei Spülgängen abschließen. Im Trockner ohne Wärme und mit Trocknerbällen trocknen. Das Programm mehrmals unterbrechen und die Decke aufschütteln. Decken kann man auch lufttrocknen lassen und die Füllung dabei immer wieder aufschütteln.

WOLLE Decken aus Wolle von Hand mit warmem Seifenwasser in der Badewanne waschen. Die Decke dabei sanft durchkneten. Gut ausspülen und mit frischem Wasser wiederholen, bis kein Schaum mehr aus der Decke kommt. Die Decke sanft ausdrücken und zum Trocknen draußen aufhängen. Da Wolle leicht verfilzt und in nassem Zustand recht schwer ist, empfiehlt sich eine professionelle Reinigung.

SEIDE Decken mit Seidenfüllung sollten Sie unbedingt professionell reinigen lassen, damit sie nicht beschädigt werden.

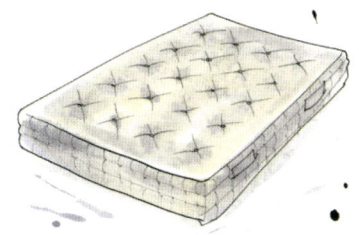

230
NEUE FRISCHE FÜR MATRATZEN

Matratzen kann man zwar nicht waschen, aber sie sollten regelmäßig gereinigt werden. Die folgende Methode sorgt dafür, dass Matratzen lange bequem und in Form bleiben.

SCHRITT EINS Bettwäsche abziehen und die Matratze ein bis zwei Stunden auslüften lassen.

SCHRITT ZWEI Die Matratze mit der Polster- und der Fugendüse des Staubsaugers überall gut absaugen, auch entlang der Nähte: So entfernen Sie auch Staubmilben.

SCHRITT DREI Flecken entfernen. Wenn passend, eine der Methoden für Flecken auf Textilien (siehe Nr. 156) anwenden. Im Zweifelsfall nach der Anleitung für Polster vorgehen (siehe Nr. 172). Die Matratze darf dabei nicht zu nass werden. Lassen Sie sie nach der Reinigung vollständig lufttrocknen.

SCHRITT VIER Eine ganze Packung Natron auf der Matratze verteilen, um Gerüche zu beseitigen. So lange wie möglich einwirken lassen, um alle Gerüche zu neutralisieren. Das Natron dann absaugen. Am besten reinigen Sie Ihre Matratzen, bevor Sie in den Urlaub fahren, dann hat das Natron Zeit, wirklich alle Gerüche aufzunehmen.

231
MATRATZEN-AUFLAGEN WASCHEN

Eine Matratzenauflage schont die Matratze und verlängert ihre Lebensdauer. Sie schützt vor Flecken, Hautfett und Schweiß, wodurch Matratzen sonst gelblich verfärben. Hat die Matratze kein Pflegeetikett, gehen Sie folgendermaßen vor:

BAUMWOLLE Erst Flecken entfernen, dann die Auflage mit warmem Wasser in der Maschine waschen und bei niedriger Hitze trocknen.

SCHAUMSTOFF Schaumstoffauflagen nicht maschinell waschen. Flecken behandeln und die Auflage von beiden Seiten absaugen. Falls eine gründlichere Reinigung nötig ist, mischen Sie einen Teil milde Seife mit zwei Teilen Wasser und besprühen Sie die Auflage damit. Die Lösung 30 Minuten einwirken lassen und dann gründlich unter der Dusche auswaschen. Das Wasser sanft herausdrücken. Die Auflage von beiden Seiten gut lufttrocknen lassen.

VINYL UND KUNSTSTOFF Flecken entfernen und die Auflage beidseitig absaugen. Mit mildem Waschmittel warm oder kalt waschen. Ohne Hitze trocknen. Trocknerbälle aus Wolle verwenden. Ist die Auflage danach noch feucht, hängen Sie sie zuerst mit der Plastik-, dann mit der Stoffseite nach oben zum Trocknen auf.

PROFILSCHAUM Flecken entfernen und die Auflage beidseitig absaugen. Einen Teil milde Seife mit zwei Teilen Wasser vermischen und die Auflage besprühen. In der Dusche auswaschen. Das Wasser sanft ausdrücken. Von beiden Seiten lufttrocknen lassen.

232
BETTHIMMEL UND BETTVOLANTS

Vielleicht möchten Sie Ihr Bett mit Bettvolants, Zierkissen oder einem Betthimmel schmücken. Sie alle sehen schön aus, erfordern aber unterschiedliche Reinigungsmethoden. Die folgenden Anleitungen dienen daher nur der Orientierung. Besondere Hinweise finden Sie auf dem Pflegeetikett.

BETTVOLANTS Volants aus Seide und Wolle müssen chemisch gereinigt werden. Baumwolle und Leinen, vor allem aus weißem Stoff, dürfen in die Maschine. Testen Sie farbige Stoffe zuvor an einer unauffälligen Stelle: Befeuchten Sie den Stoff und drücken Sie einen weißen Baumwollwaschlappen darauf, um zu sehen, ob der Stoff abfärbt. Wenn nicht, können Sie den Stoff kalt in der Maschine waschen. Färbt der Stoff ab, lassen Sie ihn chemisch reinigen. Bei mittlerer oder niedriger Hitze trocknen und leicht feucht bügeln.

ZIERKISSEN Auf bestickten und besonderen Kissen, besonders auf Samtkissen, sammelt sich mit der Zeit viel Staub an. Am besten reinigt man sie mit einem Druckluftspray aus dem Baumarkt. Testen Sie zuerst an einer unauffälligen Stelle, ob die Druckluft die Zierelemente beschädigt. Oder ziehen Sie einen Nylonstrumpf über die Staubpinseldüse und saugen Sie das Kissen auf niedriger Stufe ab.

BETTHIMMEL Behandeln Sie Vorhänge und Baldachine genau wie Fenstervorhänge und nehmen Sie sie halbjährlich ab, um sie zu reinigen (siehe Nr. 017). Lassen Sie gefütterte Vorhänge und solche aus Seide oder Wolle professionell reinigen.

233
LAVENDELDUFT VERBREITEN

Zu meinem Abendritual gehört Lavendelöl immer dazu. Ich tupfe es auf Nacken und Handgelenke und sprühe etwas davon auf meine Bettwäsche. Das Spray wirkt beruhigend und ist einfach herzustellen.

LAVENDEL-RAUMSPRAY
45 ml Reinigungsalkohol
45 ml Wasser
30 Tropfen Lavendelöl

Alkohol, Wasser und Lavendelöl in eine 125-ml-Sprühflasche geben. Vor jeder Anwendung gut schütteln und dann einfach aufsprühen.

234
BETTEN MACHEN

Ein ordentlich gemachtes Bett mit einer glatten Bettdecke und bauschigen Kissen lädt zum Träumen ein.

SCHRITT EINS Die Matratzenauflage auf die Matratze legen und die Gummibänder über die Ecken der Matratze ziehen. Ein Spannbettlaken darübergeben und straff über die Ecken der Matratze ziehen.

SCHRITT ZWEI Die Bettdecke in der Mitte falten (das Muster oder die bedruckte Seite zeigt jetzt nach außen) und auf das Laken legen.

SCHRITT DREI Eine Tagesdecke über das Bett breiten, sodass sie auf beiden Seiten des Betts gleich weit herunterhängt.

SCHRITT VIER Die Tagesdecke nach Wunsch am oberen Ende vor dem Kopfteil zurückschlagen oder unter der Matratze feststecken.

SCHRITT FÜNF Wenn Sie Kissenhüllen mit Stehsaum verwenden, beziehen Sie die Kissen und lehnen Sie sie an das Kopfteil. Die normalen Kissen mit Schutzbezügen beziehen, darüber die normalen Kissenbezüge. Diese Kissen an die Stehkissen lehnen. Wenn Sie keine Stehkissen haben, können Sie die normalen Kissen einfach flach hinlegen oder an das Kopfteil lehnen.

235
DAS BETTGESTELL NICHT VERGESSEN

Wir waschen Laken, Decken und Bezüge, vergessen aber oft das Bett selbst. Ob Himmelbetten aus Holz oder Metall, Polsterbetten mit gestepptem Kopfteil oder moderne Plattformbetten – sie alle sollten monatlich mit einem feuchten Mikrofasertuch sanft von Staub befreit werden.

236

KOMMODEN SAUBERMACHEN

Auch wenn eine Kommode nur saubere Kleidung enthält, sollten Sie sie halbjährlich ausräumen und reinigen. Leeren Sie alle Schubladen und Fächer und saugen Sie den Innenbereich mit dem Staubpinsel-Aufsatz des Staubsaugers. Dann mit einem weichen Tuch oder Schwamm und etwas Allzweckreiniger (siehe Nr. 197) auswischen. Schmutz an den Rändern und in den Ecken mit einer Zahnbürste lockern, dann ein Tuch mit Wasser befeuchten und nachwischen. Vollständig trocknen lassen und erst dann den Inhalt wieder einräumen.

237

VENTILATOR PUTZEN

Deckenventilatoren sollten zweimal im Jahr gereinigt werden. Breiten Sie ein Tuch oder eine Plane darunter aus und tragen Sie eine Schutzbrille gegen den herabfallenden Staub. Mit einer Leiter erreicht man alle Bereiche, aber auch ein ausziehbarer Mikrofaser-Mopp tut es. Besprühen Sie ein Mikrofasertuch oder den Mopp mit Allzweckreiniger (siehe Nr. 197) und wischen Sie alle Flügel beidseitig ab. Dabei auch das Motorgehäuse und die Halterung abwischen. Das Tuch zwischendurch auswaschen oder wechseln und neu besprühen.

238

EIN KOPFTEIL AUS STOFF REINIGEN

Flecken auf einem gepolsterten Kopfteil entfernt man am besten mit etwas Spülmittel. Testen Sie aber erst an einer unauffälligen Stelle, etwa an der Rückseite oder an einem Bereich hinter der Matratze, ob der Stoff auch wirklich farbecht ist.

SCHÄUMEN Vermischen Sie Spülmittel und Wasser zu gleichen Teilen, bis es schäumt. Den Schaum auf den Fleck auftragen.

REINIGEN Den Schaum mit den Fingern vorsichtig und ohne am Stoff zu ziehen in den Fleck einarbeiten. Dann fünf Minuten einwirken lassen.

ABWISCHEN Einen Schwamm mit Wasser befeuchten und den Schaum abwischen. Mit einem Mikrofasertuch trockentupfen. Hartnäckige Flecken bei Bedarf mehrmals mit dem Schaum behandeln.

TROCKNEN So viel Feuchtigkeit wie möglich mit einem Mikrofasertuch aufsaugen. Danach das Kopfteil vollständig trocknen lassen.

239

LUFTBEFEUCHTER REINIGEN

Wechseln Sie täglich das Wasser im Luftbefeuchter. Einmal in der Woche sollte er gereinigt und desinfiziert werden, damit sich kein Schimmel bildet. Gehen Sie nach der folgenden Methode vor, aber beachten Sie auch spezielle Reinigungshinweise in der Bedienungsanleitung.

SCHRITT EINS Den Tank leeren und mit kaltem Wasser füllen. 1 TL Essig pro 4 Liter Wasser hinzugeben und 30 Minuten einwirken lassen – der Essig tötet Bakterien und Schimmel ab.

SCHRITT ZWEI Das Gerät auseinanderbauen, um an den Filter, den Wassertank und andere entfernbare Teile zu kommen. Den Filter nur mit kaltem Wasser ausspülen: Essig oder Seife könnten ihn beschädigen.

SCHRITT DREI Branntweinessig bis zur Einfülllinie in den Wasserbehälter des Geräts füllen und 30 Minuten einwirken lassen. Die anderen Teile 30 Minuten in eine Schüssel oder einen Eimer mit Essig geben.

SCHRITT VIER Die Basis und die abgenommenen Teile – aber nicht den Filter – mit einer Zahnbürste oder der dem Gerät beiliegenden Bürste reinigen, besonders verfärbte Stellen und Ablagerungen. Dann alle Teile abspülen und trocknen lassen.

SCHRITT FÜNF Das Gerät wieder zusammenbauen und den Tank mit frischem Wasser befüllen. Nicht vergessen: Das Wasser im Tank unbedingt jeden Tag wechseln.

240

WOLLMÄUSE RAUS

Wollmäuse verstecken sich besonders gern in dunklen Ecken. Einer ihrer Lieblingsplätze ist unter dem Bett. Wischen Sie daher einmal in der Woche mit einem Mikrofaser-Mopp unter Betten, Nachttischen und Kommoden.

241
SCHRÄNKE PUTZEN

Schränke haben viele dunkle Ecken – perfekt für Wollmäuse, Spinnweben und Ungeziefer. Sie müssen daher unbedingt einmal im Jahr gründlich gereinigt werden. Räumen Sie den Schrank komplett aus und saugen Sie Böden, Wände und Decke. Mit der Staubpinsel- oder Fugendüse des Staubsaugers gelangen Sie in alle Winkel und auch an weit oben liegende Stellen. Alle Flächen und Ecken mit mildem Essigreiniger (siehe Nr. 197) abwischen. Er lockert Schmutz und tötet Motteneier, die so klein sind, dass man sie gar nicht sieht. Lassen Sie den Schrank offen komplett trocknen, bevor Sie den Inhalt wieder einräumen.

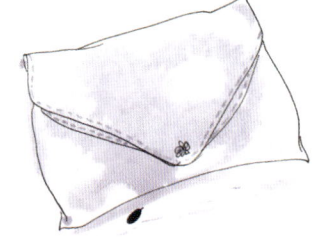

242
LAVENDEL GEGEN MOTTEN

Lavendel ist ein natürlicher Mottenschutz und selbstgemachte Lavendelsäckchen sind die perfekte Alternative zu chemischen Mottenkugeln. Die Säckchen sind schnell gemacht und duften herrlich. Nähen Sie mithilfe der folgenden Anleitung zwei Säckchen für jeden Kleiderschrank.

SCHRITT EINS Ein Stofftaschentuch in vier gleich große Quadrate schneiden. Je zwei Stücke rechts auf rechts aufeinandernähen. Dabei eine Seite einige Zentimeter offen lassen.

SCHRITT ZWEI Das Säckchen wenden und dann bis zur Hälfte mit getrockneten Lavendelblüten füllen.

SCHRITT DREI Das offene Ende zunähen. Entweder eine normale Kante oder einen Umschlag nähen. Fertig ist der Mottenschutz!

SCHRITT VIER Die Lavendelblüten von Zeit zu Zeit austauschen, damit der Schutz bestehen bleibt. Wenn der Duft verflogen ist, können ihn nämlich auch die Motten nicht mehr riechen.

243
TEXTILSCHUTZ ZEDERNHOLZ

Seit vielen Generationen verwendet man Zedernholz, um Motten zu vertreiben. Falls Ihnen Lavendel zu blumig riecht, ist Zedernholz eine tolle Alternative. Es gibt Schränke und Kleidertruhen aus Zedernholz, aber auch kleine Kugeln oder Blöcke, die man in den Schrank legt oder hängt. Wie bei Lavendel gilt auch hier: Wenn das Holz nicht mehr duftet, wirkt es nicht mehr. Frischen Sie es mit Schleifpapier wieder auf oder beträufeln Sie es mit Zedernöl, das man auch in Drogerien kaufen kann.

244
MOTTEN VERJAGEN

Ein Mottenloch in einem Lieblingsrock genügt, um den Motten sofort den Kampf anzusagen. Dabei fressen die Motten selbst gar keinen Stoff. Es sind ihre Larven, die sich von Wolle, Seide, Federn und anderen natürlichen Fasern ernähren. Motten Sie Ihre Winterkleidung und Decken also jeden Frühling ein, bevor Sie sie wegräumen. Und so geht's:

PUTZEN Den Kleiderschrank gründlich reinigen (siehe Nr. 241), um winzige Larven oder Eier zu entfernen. Auch die obersten Regale und die Kartons von Schuhen, die nur selten getragen werden, nicht vergessen.

WASCHEN Die Winterkleidung waschen oder chemisch reinigen lassen, bevor Sie sie einlagern. Motten werden nämlich vom Geruch von Schweiß, Parfum oder Nahrungsmitteln angelockt.

SCHÜTZEN Die Kleidung über den Sommer in luftdichten Behältern oder Taschen aus Plastik verstauen. Die Deckel mit Paketband abkleben, sodass keine winzigen Schlupflöcher bleiben, durch die Motten eindringen können, um ihre Eier zu legen.

245
STAUBMILBEN BEKÄMPFEN

Wer sein Bettzeug regelmäßig wäscht und das Schlafzimmer sauber hält, wird wahrscheinlich kaum Probleme mit Milben bekommen. Mit den folgenden Tipps gehen Sie auf Nummer sicher.

ERHITZEN Bettbezüge, Matratzenauflage, Kissen und Kissenhüllen bei mindestens 60 Grad waschen und bei starker Hitze trocknen.

WECHSELN Kaufen Sie alle zwei Jahre neue Bettdecken und Kopfkissen.

SCHÜTZEN Es gibt spezielle Anti-Milben-Bettwäsche für Allergiker. Plastik ist der beste Schutz gegen Milben.

FILTERN Oft staubsaugen, am besten mit einem Staubsauger mit HEPA-Partikelfilter.

TROCKNEN Die Luftfeuchtigkeit im Haus sollte niedrig sein. Staubmilben gedeihen bei Feuchtigkeit.

FERNHALTEN Keine Haustiere ins Schlafzimmer lassen. Staubmilben lieben die Hautschuppen von Tieren.

KÜHLEN Die Temperatur im Raum sollte maximal 21 Grad betragen.

246
LÄUSE LOSWERDEN

Geraten Sie nicht in Panik, wenn Ihr Kind Kopfläuse hat, aber handeln Sie rasch. Fragen Sie den Kinderarzt, wie man die Läuse auf dem Kopf am besten los wird – und sorgen Sie mit der folgenden Anleitung dafür, dass auch Ihr Zuhause wieder läusefrei wird.

SCHRITT EINS Suchen Sie alle Gegenstände, mit denen Ihr Kind in Berührung gekommen sein könnte, zusammen: Bettwäsche, Kuscheltiere, Haarbürsten, Kämme, Mützen, Kopfhörer, Mäntel und Kleidung.

SCHRITT ZWEI Bettwäsche und Kleidung bei hoher Temperatur und langer Waschzeit in der Maschine waschen, bei Bedarf mehrere Waschgänge machen. Haarbürsten und Haarschmuck eine Stunde in mindestens 60 Grad heißem Wasser einweichen. Alles, was man nicht gut waschen kann (etwa Kopfhörer und Wollmützen), fest in eine Plastiktüte einpacken und für 24 Stunden in die Gefriertruhe legen.

SCHRITT DREI Alles, was zu groß für die Waschmaschine oder die Gefriertruhe ist, in eine luftdichte Plastiktüte packen und zwei Wochen darin aufbewahren, um die Läuse zu ersticken.

SCHRITT VIER Überall gründlich saugen, auch Matratzen und Teppiche.

SCHRITT FÜNF Befolgen Sie die Anweisungen des Arztes. Untersuchen Sie jeden Tag die Köpfe aller Familienmitglieder, bis keine Läuse mehr zu sehen sind. Auch nach der Behandlung der Läuse noch eine Woche bis einen Monat lang darauf achten, ob wieder Läuse auftauchen.

SCHLAFZIMMER
Checkliste

Widmen Sie Ihrem Schlafzimmer jeden Morgen und jeden Abend ein paar Minuten Ihrer Zeit, um für Ordnung zu sorgen. Lassen Sie sich von dieser Checkliste inspirieren und bewahren Sie eine gewisse Sauberkeit an diesem Ort der Ruhe. So haben Sie mehr Zeit für die schönen Dinge im Leben und können den Abend entspannt genießen. Und Sie können beruhigt sein, dass auch nach dem Aufwachen kein Chaos auf Sie wartet.

Die Zahlen beziehen sich auf die Einträge, nicht auf die Seitenzahlen. Achten Sie darauf, wenn Sie Informationen zu bestimmten Materialien oder Methoden nachschlagen möchten.

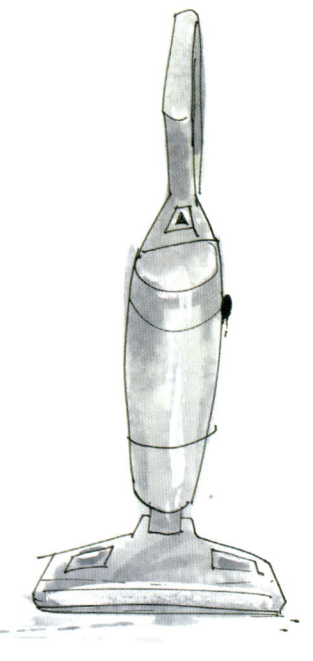

TÄGLICH

- ☐ Verschüttetes und Flecken beseitigen
- ☐ Böden fegen oder saugen *30*
- ☐ Schmutzwäsche in den Wäschekorb geben *105*
- ☐ Betten machen *234*
- ☐ Kommoden und Nachttische saubermachen *236*
- ☐ _____

WÖCHENTLICH

- ☐ Sichtschutz abstauben *14*
- ☐ Türen, Leisten abstauben *18*
- ☐ Lichtschalter putzen *19*
- ☐ Decken, Wände abstauben *20*
- ☐ Teppiche und Vorleger saugen *42, 44*
- ☐ Lampen und Lampenschirme abstauben *51*
- ☐ Holzmöbel abwischen *179*
- ☐ Bettwäsche waschen *221*
- ☐ Luftbefeuchter reinigen *239*
- ☐ Unter den Möbeln wischen *240*
- ☐ _____
- ☐ _____
- ☐ _____
- ☐ _____

MONATLICH

- ☐ Spiegel putzen *13*
- ☐ Sichtschutz absaugen *14*
- ☐ Mülleimer säubern *28*
- ☐ Türgriffe reinigen *29*
- ☐ Holzmöbel polieren *178*
- ☐ Kissenbezüge waschen *222*
- ☐ Tagesdecke waschen *228*
- ☐ Matratzen absaugen *230*
- ☐ Matratzenauflagen waschen *231*
- ☐ Bettgestell abstauben *235*
- ☐ _____
- ☐ _____

HALBJÄHRLICH (FRÜHJAHR UND HERBST)

- ☐ Fenster putzen *12*
- ☐ Sichtschutz gründlich reinigen *14*
- ☐ Türen und Leisten reinigen *18*
- ☐ Wände und Decken reinigen *20*
- ☐ Lampenschirme reinigen *53*
- ☐ Lampen und Wandleuchten reinigen *54, 55*
- ☐ Deckenleuchten reinigen *57*
- ☐ Kopfkissen und Bettdecken waschen *226, 229*
- ☐ Matratzen reinigen *230*
- ☐ Bettvorhänge und Bettvolants reinigen *232*
- ☐ Kommoden saubermachen *236*
- ☐ Deckenventilator putzen *237*
- ☐ Kleiderschrank reinigen *241*
- ☐ Winterkleidung reinigen und verstauen *244*
- ☐ _____
- ☐ _____
- ☐ _____
- ☐ _____

247
COMPUTER REINIGEN

Bei jedem Computer sammeln sich mit der Zeit Staub und Schmutz auf dem Bildschirm, der Tastatur und in der Lüftung an. Das sieht nicht nur unschön aus, sondern beeinträchtigt auch die Leistung des Geräts. Putzen Sie Ihren Computer einmal in der Woche und lesen Sie vorher im Handbuch nach, was es zu beachten gilt.

Halten Sie flüssige Reiniger von Ihrem Computer fern, um nichts zu verschütten. Schon ein Spritzer kann die Elektronik beschädigen. Auch Putztücher dürfen nur leicht feucht sein. Wringen Sie sie gut aus, damit das Tuch nicht tropft. Nach dem Reinigen alle Geräte ein paar Stunden lang ausgeschaltet lassen, bis sämtliche Feuchtigkeit getrocknet ist.

BILDSCHIRM Den Bildschirm mit einem trockenen Mikrofasertuch abstauben. Einen Zipfel des Tuchs minimal mit Wasser befeuchten und damit Fingerabdrücke und andere Spuren vorsichtig und ohne Druck wegwischen.

TASTATUR Die Tastatur mit kurzen Druckluftstößen von Staub befreien. Ist die Tastatur sehr dreckig, ausstecken und im Freien reinigen. Wenn Sie noch nie mit einer Druckluftspraydose hantiert haben, üben Sie am besten vorher und verwenden Sie die Verlängerungsdüse für präziseres Sprühen. Halten Sie die Dose aber nicht zu nahe an die Tastatur, da beim Sprühen Kondenswasser entsteht, das der Elektronik schaden kann.

Wenn Sie den Staub durch Druckluft gelockert haben, drehen Sie die Tastatur um und schütteln Sie sie vorsichtig aus. Dann ein Tuch mit einer Lösung aus einem Teil Reinigungsalkohol und einem Teil Wasser leicht befeuchten und die Tastatur abwischen. Ein Wattestäbchen in die Lösung tauchen und damit zwischen den Tasten putzen. Mit einem trockenen Tuch nachwischen.

MAUS Die Maus ausstecken und die Batterien (wenn vorhanden) herausnehmen. Mit einem kaum feuchten Mikrofasertuch abwischen und mit einem zweiten Tuch abtrocknen. Das Mausrad nicht entfernen. Drehen Sie die Maus um und rollen Sie das Rad hin und her, um Staub zu lockern.

Reinigen Sie den Sensor einer optischen Maus ganz vorsichtig mit einem mit Alkohollösung befeuchteten Wattestäbchen. Dann ein Tuch mit der Lösung befeuchten und die Gumminoppen an der Unterseite der Maus reinigen.

Bei einer mechanischen Maus den Deckel an der Unterseite entfernen und die Kugel herausnehmen. Die Kugel mit einem mit Alkohollösung befeuchteten Mikrofasertuch reinigen. Die Kugel trocknen lassen und die Maus wieder zusammensetzen. Hinweise zur Reinigung des Kugelfachs finden Sie in der Bedienungsanleitung der Maus.

GEHÄUSE Den Computer ausschalten und ausstecken. Ein Mikrofasertuch leicht mit mildem Seifenwasser befeuchten und damit das Gehäuse des Computers oder des Laptops abwischen. Ein Wattestäbchen in das Seifenwasser tauchen und damit Lüftungsschlitze und andere schwer zugängliche Stellen reinigen. Dann die Seife mit einem feuchten Tuch wegwischen. Anschließend mit einem sauberen Tuch trockenwischen.

KABEL Kabel und Stecker ebenfalls mit einem Mikrofasertuch abwischen.

ZUBEHÖR Auch auf Mauspads, Handauflagen und Schreibtischunterlagen sammeln sich Staub, Schmutz und ganz besonders Hautfett an. Wischen Sie alles Zubehör gründlich mit Allzweckreiniger ab (siehe Nr. 197) und lassen Sie alle Teile gut trocknen, bevor Sie das Zubehör wieder an seinen Platz geben.

248
SCHREIBTISCH AUFRÄUMEN

Freie Flächen laden dazu ein, Papier darauf abzulegen, um es »später« wegzuräumen. Gerade auf dem Schreibtisch ist viel Platz, um alles Mögliche darauf anzuhäufen.

FREIMACHEN Den Schreibtisch ab- und alle Schubladen und Fächer ausräumen. Papierzeug in einen Behälter, den restlichen Kram in einen anderen geben. Das wird später sortiert.

SÄUBERN Den gesamten Tisch, auch Beine und Fächer, sowie alle Ablagen, Stiftehalter, Heftgeräte und anderes Zubehör mit mildem Essigreiniger (siehe Nr. 197) abwischen.

SORTIEREN Ist der Tisch sauber, den Papier- und den anderen Kram aus den zwei Behältern sortieren. Papiere abheften, schreddern oder zum Altpapier geben. Nicht mehr benötigtes Bürozubehör wegwerfen.

249
GUT ORGANISIERT

Das Büro ist der Ort, an dem Rechnungen bezahlt, Steuerunterlagen verwahrt, Schulveranstaltungen notiert oder sogar Hausaufgaben gemacht werden. Damit man dort effizient arbeiten kann, muss der Raum sauber und aufgeräumt sein. Mittlerweile wissen Sie ja, dass ich ein großer Fan des Entrümpelns bin – und vor allem im Büro ist Ordnung unerlässlich, denn inmitten von Chaos lässt es sich nicht gut arbeiten.

Mein erstes Buch, *Platz schaffen*, enthält nützliche Strategien, die Ihnen helfen, Post, Schultermine, Rechnungen und andere Dokumente zu ordnen. Sortieren und entrümpeln Sie Ihren Papierkram, dann wird es Ihnen leichtfallen, die Ordnung im Büro sowie eine ausgeglichene Work-Life-Balance zu bewahren.

252
BÜROSTUHL AUFFRISCHEN

Stühle aus Stoff mit dem Staubpinsel-Aufsatz absaugen. Leder und Vinyl mit einem Mikrofasertuch abwischen. Flecken mit milder Seifenlösung behandeln. Testen Sie die Lösung vorher an einer unauffälligen Stelle. Die Laufrollen mit Allzweckreiniger (siehe Nr. 197) und einem Mikrofasertuch reinigen. Ein Wattestäbchen mit Allzweckreiniger befeuchten und damit schwer zugängliche Stellen putzen.

250
MEHR PLATZ IN DEN REGALEN

Räumen Sie alle Regale und Fächer aus. Die Flächen mit Allzweckreiniger (siehe Nr. 197) einsprühen und mit einem Mikrofasertuch sauberwischen. Jedes Regal von oben nach unten und von einer zur anderen Seite reinigen. Holen Sie heruntergefallene Gegenstände hinter den Regalen und Schränken hervor. Sind die Regalböden so eingelegt, dass sie maximal Platz schaffen? Stellen Sie am besten immer gleich hohe Bücher zusammen in ein Fach – und die größten, schwersten und meistgenutzten kommen ganz nach unten.

253
PAPIER VERMEIDEN

Statt alle Papiere wieder in den Aktenschrank zu räumen, können Sie weniger wichtige Dokumente auch scannen und auf dem Computer speichern. Das ist schnell gemacht und bei Bedarf können Sie das Dokument jederzeit wieder ausdrucken. Benennen Sie das gescannte Dokument und speichern Sie es in einem passenden Ordner ab. Das Papier wegwerfen – oder schreddern, falls Ihre Steuernummer oder andere persönliche Daten darauf zu sehen sind. Scannen Sie Rechnungen, Briefe und wichtige Dokumente immer so bald wie möglich, damit gar nicht erst ein großes Papierchaos entstehen kann.

251
ORDNUNG IM AKTENSCHRANK

Auch im Akten- oder Registraturschrank sammeln sich Staub, Krümel und Büroklammern, darum sollte er zweimal im Jahr gereinigt werden.

AUSRÄUMEN Alle Dokumente und Ordner aus den Schubladen räumen und in einem Aktenkarton zwischenlagern.

SAUGEN Die Schubladen mit dem Staubpinsel-Aufsatz aussaugen.

ABWISCHEN Ein Mikrofasertuch mit Allzweckreiniger (siehe Nr. 197) besprühen und damit die Außenseiten des Schranks abwischen.

AUSMISTEN Die Schubladen entnehmen und die Unterseiten und Laufschienen absaugen. Die Laden wieder einsetzen. Den Papierkram beim Einräumen sortieren. Was benötigt wird, archivieren, den Rest ausmisten und schreddern.

Tipp

SCHUBLADEN WACHSEN

Wenn eine Schublade nicht mehr gut läuft, nehmen Sie sie heraus und drehen Sie sie um, sodass die Laufschienen nach oben zeigen. Reiben Sie die Schienen und die Unterseite der Lade mit einer Wachskerze oder einem Stück Seife ein. Das Wachs bzw. die Seife sorgt dafür, dass die Schublade wieder besser gleitet.

254
PINNWAND AKTUALISIEREN

Auf der Pinnwand sammelt man Inspirationen und heftet wichtige Termine an. Ist die Pinnwand aber mit alten Zetteln übersät, gehen neue Notizen unter. Aktualisieren Sie Ihre Pinnwand daher einmal in der Woche und entfernen Sie Zettel, die Sie nicht mehr brauchen. Die restlichen Notizen dann übersichtlich anordnen. Den Korkbelag sowie den Rahmen und die Rückseite mit einem leicht feuchten Mikrofasertuch abwischen.

255
AUSMISTEN UND SORTIEREN

Alle Bücher, Ordner und Unterlagen in Ihrem Büro sollten nützlich, aktuell und leicht zu finden sein. Was nur selten verwendet wird, muss nicht griffbereit auf dem Schreibtisch liegen.

BÜCHER Verschenken Sie alle Bücher, die nicht mehr benötigt werden. Technikratgeber zum Beispiel sind nach ein paar Jahren sowieso veraltet. Noch besser: Auf E-Books umsteigen. Machen Sie Ihre Büchersammlung digital und sparen Sie sich das Reinigen des Bücherregals komplett.

ORDNER Wenn ein Projekt oder eine Renovierungsarbeit abgeschlossen ist, müssen die dazugehörigen Pläne, Unterlagen und Adressen nicht mehr in Reichweite herumliegen. Archivieren Sie alles Wichtige oder scannen Sie es ein und entsorgen Sie das Papier.

UNTERLAGEN Nachdem Sie Ihre Steuererklärung gemacht haben, sollten Sie alle Unterlagen und später den Steuerbescheid abheften.

Überlegen Sie sich beim Reinigen der Bücher und Ordner, wie Sie sie im Regal aufstellen wollen. Bücher sollten nicht zu eng beieinander stehen, damit man sie leicht herausziehen kann. Ordnen Sie sie so an, dass die am häufigsten benutzten Bücher am leichtesten zu erreichen sind.

BÜRO
Checkliste

Ganz gleich, ob Sie jeden Tag in Ihrem Büro zuhause arbeiten oder sich nur abends um Rechnungen und andere Pflichten kümmern: Das Büro sollte aufgeräumt und frei von Chaos sein. Das Saubermachen sollte auch dort zur täglichen Gewohnheit werden.

Die Zahlen beziehen sich auf die Einträge, nicht auf die Seitenzahlen. Achten Sie darauf, wenn Sie Informationen zu bestimmten Materialien oder Methoden nachschlagen möchten.

TÄGLICH

- ☐ Verschüttetes und Flecken beseitigen
- ☐ Böden fegen oder saugen *30*
- ☐ Schreibtisch aufräumen *248*
- ☐ Post sortieren *248*
- ☐ _____
- ☐ _____
- ☐ _____

WÖCHENTLICH

- ☐ Sichtschutz abstauben *14*
- ☐ Türen, Leisten abstauben *18*
- ☐ Lichtschalter putzen *19*
- ☐ Wände, Decken abstauben *20*
- ☐ Teppiche und Vorleger saugen *42, 44*
- ☐ Lampen und Kronleuchter abstauben *52, 56*
- ☐ Flächen, Zubehör abstauben *170*
- ☐ Holzmöbel abwischen *179*
- ☐ Computer reinigen *247*
- ☐ Schreibtisch abwischen *248*
- ☐ Pinnwand aktualisieren *254*
- ☐ Papierkorb leeren
- ☐ _____
- ☐ _____
- ☐ _____

MONATLICH

- ☐ Spiegel putzen *13*
- ☐ Sichtschutz absaugen *14*
- ☐ Papierkorb säubern *28*
- ☐ Türgriffe reinigen *29*
- ☐ Holzmöbel polieren *178*
- ☐ Bücher und Bücherregale abstauben *194, 195*
- ☐ Bürostuhl absaugen *252*

HALBJÄHRLICH (FRÜHJAHR UND HERBST)

- ☐ Fenster putzen *12*
- ☐ Sichtschutz gründlich reinigen *14*
- ☐ Türen und Leisten reinigen *18*
- ☐ Wände reinigen *20*
- ☐ Außentüren reinigen *27*
- ☐ Lampenschirme reinigen *53*
- ☐ Lampen und Wandleuchten reinigen *54, 55*
- ☐ Deckenleuchten reinigen *57*
- ☐ Schreibtisch putzen *248*
- ☐ Regale saubermachen *250*
- ☐ Aktenschrank putzen *251*
- ☐ _____
- ☐ _____
- ☐ _____
- ☐ _____
- ☐ _____
- ☐ _____
- ☐ _____
- ☐ _____
- ☐ _____

Reinigungs-Checklisten

30-TÜTEN-
Entrümpelungs-
aufgabe

Viele meiner Leser halten das Entrümpeln von all dem Zeug, das sich im Laufe der Jahre angesammelt hat, für die größte Herausforderung im Haushalt. Wenn das Haus voller Gerümpel und Krimskrams ist, fällt es schwerer, aufzuräumen und regelmäßig sauberzumachen. Darum sollten Sie unbedingt das Chaos in Ihrem Zuhause beseitigen, bevor Sie mit dem Saubermachen und Ordnen beginnen. Machen Sie die folgende Aufgabe ganz wie Sie möchten. Sie können eine Tüte pro Tag füllen – oder alles an einem einzigen Tag oder an bestimmten Wochenenden erledigen. Raus mit all den Dingen, die Sie eigentlich nicht wirklich brauchen!

TAG 1	TAG 2	TAG 3	TAG 4	TAG 5	TAG 6
Schuhe	Zeitungen und Zeitschriften	Tupperware	leere Flaschen und Putzmittel	Papierkram	Pflegeprodukte und Make-up

TAG 7	TAG 8	TAG 9	TAG 10	TAG 11	TAG 12
Nachttisch	Kühlschrank	»Müllschublade«	Kleiderschrank	Auto	Handtasche

TAG 13	TAG 14	TAG 15	TAG 16	TAG 17	TAG 18
Wäsche-kommode	Bücher	DVDs und CDs	Wäscheschrank	saisonale Dekoration	Spielzeug und Hobbys

TAG 19	TAG 20	TAG 21	TAG 22	TAG 23	TAG 24
Speisekammer	Kinder-kleidung	Küchenschränke	Winterkleidung	Koffer und Taschen	Waschküche

TAG 25	TAG 26	TAG 27	TAG 28	TAG 29	TAG 30
Garage und Abstellraum	Spiele und Puzzles	Mode-accessoires	Wohn-accessoires	kleine Geräte	Tüte mit Dingen zum Spenden

TÄGLICHE
Checkliste

Lassen Sie sich von dieser Liste an täglichen Reinigungsaufgaben zu Ihrem eigenen Putzplan inspirieren. Passen Sie die Liste ganz einfach an Ihren Haushalt und Ihren Alltag an. Sie werden staunen, welchen Unterschied schon ein paar Minuten morgendliches und abendliches Reinigen machen.

Küche

- ☐ Böden fegen oder saugen *30*
- ☐ Flächen und Tische abwischen *89*
- ☐ Kochfeld abwischen *68*
- ☐ Geschirr spülen *73*
- ☐ Spülmaschine einräumen *77*
- ☐ Spülmaschine abwischen *76*
- ☐ Spüle putzen *82*
- ☐ Armaturen reinigen *86*
- ☐ Kleine Geräte reinigen *92*
- ☐ Geschirrtücher auswechseln *59*

Badezimmer

- ☐ Böden fegen oder saugen *30*
- ☐ Schmutzwäsche in den Wäschekorb geben *105*
- ☐ Armaturen abwischen *105*
- ☐ Becken, Flächen abwischen *105*
- ☐ Dusche abziehen *105*
- ☐ Badewanne ausspülen *105*
- ☐ Whirlpool säubern *105*
- ☐ Toilette schnell reinigen *138*

Waschküche

- ☐ Böden fegen oder saugen *30*
- ☐ Waschküche aufräumen *150*
- ☐ Flecken behandeln *156*

- ☐ Wäsche waschen *150*
- ☐ Wäsche trocknen *165*
- ☐ Flusensieb reinigen *166*

Wohnzimmer

- ☐ Rasche Grundreinigung *170*
- ☐ Verschüttetes und Flecken beseitigen
- ☐ Sofakissen zurechtrücken
- ☐ Böden fegen oder saugen *30*

Esszimmer

- ☐ Verschüttetes und Flecken beseitigen
- ☐ Böden fegen oder saugen *30*
- ☐ Flecken auf Textilien entfernen *156*
- ☐ Tischwäsche waschen *201*

- ☐ Esszimmer aufräumen *198*
- ☐ Esstisch abwischen *213*

Schlafzimmer

- ☐ Verschüttetes und Flecken beseitigen
- ☐ Böden fegen oder saugen *30*
- ☐ Schmutzwäsche in den Wäschekorb geben *105*
- ☐ Betten machen *234*
- ☐ Kommoden und Nachttische saubermachen *236*

Büro

- ☐ Verschüttetes und Flecken beseitigen
- ☐ Böden fegen oder saugen *30*
- ☐ Schreibtisch aufräumen *248*
- ☐ Post sortieren *248*

Nehmen Sie sich jedes Wochenende ein paar Stunden Zeit, um Ihr Zuhause auf Vordermann zu bringen. Wenn Sie das Wochenende lieber ganz Ihrer Familie und Ihren Freunden widmen möchten, erledigen Sie die Aufgaben stattdessen unter der Woche. Dann können Sie das Wochenende erst recht genießen – und Sie haben es sich verdient!

Küche

☐ Sichtschutz abstauben *14*
☐ Türen und Leisten abstauben *18*
☐ Lichtschalter putzen *19*
☐ Wände, Decken abstauben *20*
☐ Böden wischen *31*
☐ Lampen und Kronleuchter abstauben *52, 56*
☐ Kühlschrank innen und außen reinigen *61*
☐ Kochfeld putzen *68*
☐ Müllschlucker spülen *83*
☐ Schranktüren abwischen *100*
☐ Griffe desinfizieren *103*

Badezimmer

☐ Spiegel putzen *13*
☐ Sichtschutz abstauben *14*
☐ Türen und Leisten abstauben *18*
☐ Lichtschalter putzen *19*
☐ Wände, Decken abstauben *20*
☐ Böden wischen *31*
☐ Luft erfrischen *107*
☐ Dusche säubern *111*
☐ Badewanne putzen *115*

☐ Handtücher, Badematten und Bademäntel waschen *119*
☐ Waschbecken putzen *122*
☐ Make-up-Pinsel und Haarbürsten reinigen *134, 137*
☐ Becher, Behälter und Seifenschalen abspülen *136*
☐ Toilette und Spülkasten außen abwischen *138*
☐ Bidet putzen *140*
☐ WC-Bürste reinigen *141*

Waschküche

☐ Sichtschutz abstauben *14*
☐ Türen und Leisten abstauben *18*
☐ Lichtschalter putzen *19*
☐ Wände, Decken abstauben *20*
☐ Böden wischen *31*
☐ Waschmaschine und Trockner abwischen

Wohnzimmer

☐ Sichtschutz abstauben *14*
☐ Türen und Leisten abstauben *18*

☐ Lichtschalter putzen *19*
☐ Wände, Decken abstauben *20*
☐ Teppiche und Vorleger saugen *42, 44*
☐ Lampen und Kronleuchter abstauben *52, 56*
☐ Flächen und Zubehör abstauben *170*
☐ Holzmöbel abwischen *179*
☐ Fernseher abstauben *191*
☐ Fernbedienungen reinigen *193*

Esszimmer

☐ Sichtschutz abstauben *14*
☐ Türen und Leisten abstauben *18*
☐ Lichtschalter putzen *19*
☐ Wände, Decken abstauben *20*
☐ Böden wischen *31*
☐ Teppiche und Vorleger saugen *42, 44*
☐ Lampen und Kronleuchter abstauben *52, 54, 56*

Schlafzimmer

Büro

MONATLICHE
Checkliste

Einmal im Monat muss im ganzen Haus gründlich geputzt werden, damit alle Räume sauber und hygienisch bleiben. Die folgende Liste erinnert Sie an all die unregelmäßigen und intensiven Reinigungsarbeiten, die Sie trotzdem nicht vergessen sollten.

Küche

- ☐ Sichtschutz absaugen *14*
- ☐ Mülleimer säubern *28*
- ☐ Türgriffe reinigen *29*
- ☐ Mikrowelle dampfreinigen *67*
- ☐ Spülmaschine innen reinigen *78*
- ☐ Müllschlucker reinigen *83*
- ☐ Kleine Geräte gründlich reinigen *92*
- ☐ Griffe reinigen *103*

Badezimmer

- ☐ Sichtschutz absaugen *14*
- ☐ Mülleimer säubern *28*
- ☐ Whirlpool reinigen *117*
- ☐ Abflüsse reinigen *118*
- ☐ Badewanne außen reinigen *116*
- ☐ Toilette und Spülkasten gründlich reinigen *138*
- ☐ Ablagerungen aus der Toilette entfernen *139*

Waschküche

- ☐ Sichtschutz absaugen *14*
- ☐ Mülleimer säubern *28*
- ☐ Türgriffe reinigen *29*
- ☐ Waschmaschine reinigen *160*
- ☐ Waschbecken reinigen *122*
- ☐ Hinter Waschmaschine und Trockner fegen und wischen

Wohnzimmer

- ☐ Spiegel putzen *13*
- ☐ Sichtschutz absaugen *14*
- ☐ Mülleimer säubern *28*
- ☐ Türgriffe reinigen *29*
- ☐ Polstermöbel saugen *171, 176*
- ☐ Ledermöbel reinigen *176*
- ☐ Holzmöbel polieren *179*
- ☐ Lautsprecher saubermachen *192*
- ☐ Bücher und Bücherregale abstauben *194, 195*

Esszimmer

- ☐ Spiegel putzen *13*
- ☐ Sichtschutz absaugen *14*
- ☐ Türgriffe reinigen *29*
- ☐ Lampen und Kronleuchter reinigen *54, 56, 57*
- ☐ Holzmöbel polieren *214*

Schlafzimmer

- ☐ Spiegel putzen *13*
- ☐ Sichtschutz absaugen *14*
- ☐ Mülleimer säubern *28*
- ☐ Türgriffe reinigen *29*
- ☐ Holzmöbel polieren *178*
- ☐ Kissenbezüge waschen *222*
- ☐ Tagesdecke waschen *228*
- ☐ Matratzen absaugen *230*
- ☐ Matratzenauflagen waschen *231*
- ☐ Bettgestell abstauben *235*

Büro

- ☐ Spiegel putzen *13*
- ☐ Sichtschutz absaugen *14*
- ☐ Papierkorb säubern *28*
- ☐ Türgriffe reinigen *29*
- ☐ Holzmöbel polieren *178*
- ☐ Bücher und Bücherregale abstauben *194, 195*
- ☐ Bürostuhl absaugen *252*

HALBJÄHRLICHE
Checkliste

Nach einem gründlichen Frühjahrs- und Herbstputz sind Sie und Ihr Zuhause für das darauffolgende Halbjahr perfekt vorbereitet. Diese großen Putzaufgaben werden am besten von der ganzen Familie im Team erledigt. Wenn Sie der halbjährlichen Großreinigung ein spielerisches Element verleihen möchten, probieren Sie es doch einfach einmal mit Nikkis Frühjahrsputz-Kiste aus dem Grundlagen-Kapitel.

Küche

- ☐ Fenster putzen *12*
- ☐ Sichtschutz gründlich reinigen *14*
- ☐ Türen und Leisten reinigen *18*
- ☐ Wände reinigen *20*
- ☐ Lampen, Deckenleuchten, Kronleuchter und Wandleuchten reinigen *54, 56, 57*
- ☐ Kühlschrank und Gefriertruhe gründlich reinigen *61*
- ☐ Einlegematten auswechseln *61*
- ☐ Kondensator reinigen *63*
- ☐ Herd gründlich reinigen *66*
- ☐ Dunstabzug reinigen *72*
- ☐ Spülmaschine und Filter gründlich reinigen *79*
- ☐ Müllschlucker schrubben *83*
- ☐ Messerblock saubermachen *93*
- ☐ Küchenschränke und Speisekammer putzen *99*
- ☐ Fächer und Schubladen innen reinigen *99*
- ☐ Arbeitsplatten versiegeln *89*

Badezimmer

- ☐ Fenster putzen *12*
- ☐ Sichtschutz gründlich reinigen *14*
- ☐ Türen und Leisten reinigen *18*

- ☐ Wände reinigen *20*
- ☐ Wandleuchten und andere Lampen reinigen *54, 57*
- ☐ Flächen freiräumen *110*
- ☐ Medizinschrank entrümpeln *108*
- ☐ Duschvorhang waschen *111*
- ☐ Duschkopf putzen *112*
- ☐ Lüftung reinigen *113*
- ☐ Fugen reinigen *114*
- ☐ Fächer, Schubladen und Schränke reinigen *125*
- ☐ Make-up aufräumen *126*
- ☐ Schmuckkasten reinigen *127*
- ☐ Bad-Putzset neu bestücken *106*

Waschküche

- ☐ Fenster putzen *12*
- ☐ Sichtschutz gründlich reinigen *14*
- ☐ Türen und Leisten reinigen *18*
- ☐ Wände reinigen *20*
- ☐ Wandleuchten und andere Lampen reinigen *54, 57*
- ☐ Bügeleisen dampfreinigen *153*
- ☐ Waschmaschine reinigen *162, 163*
- ☐ Abluftschlauch reinigen *166*
- ☐ Putzset neu bestücken *1*
- ☐ Reiniger nachmischen *155, 159*

Wohnzimmer

- ☐ Fenster putzen *12*
- ☐ Sichtschutz gründlich reinigen *14*
- ☐ Türen und Leisten reinigen *18*
- ☐ Wände reinigen *20*
- ☐ Außentüren reinigen *27*
- ☐ Lampenschirme reinigen *53*
- ☐ Lampen reinigen *55*
- ☐ Wand- und Deckenleuchten, Kronleuchter reinigen *54, 56, 57*
- ☐ Polster gründlich reinigen *171*
- ☐ Kaminofen putzen *181*
- ☐ Bilder und Gemälde reinigen *189*
- ☐ Bücherregale saugen und abwischen *195*
- ☐ Pflanzen abstauben *196*
- ☐ Schornsteinfeger bestellen *184*

Esszimmer

- ☐ Fenster putzen *12*
- ☐ Sichtschutz gründlich reinigen *14*
- ☐ Türen und Leisten reinigen *18*
- ☐ Wände reinigen *20*
- ☐ Lampenschirme reinigen *53*
- ☐ Lampen reinigen *55*
- ☐ Wand- und Deckenleuchten und Kronleuchter reinigen *56, 57*

Rezepte

Hier finden Sie alle Rezepte, die in diesem Buch erwähnt wurden. So können auch Sie Ihre Reinigungsmittel ganz einfach selbst herstellen. Damit schonen Sie nicht nur die Umwelt, sondern auch den Geldbeutel!

Universalreiniger

ALLZWECKREINIGER

2 TL Borax, ¼ TL Kastilien-Flüssigseife, 10 Tropfen Zitronenöl

Alle Zutaten mit heißem Wasser in einer 500-ml-Sprühflasche vermischen.

DESINFEKTIONSMITTEL

2 EL Kastilien-Flüssigseife, 20 Tropfen Teebaumöl

Seife und Öl mit heißem Wasser in einer 500-ml-Sprühflasche vermischen.

GLASREINIGER

¼ Tasse Branntweinessig, 5 Tropfen Zitronenöl

Alle Zutaten mit heißem Wasser in einer 500-ml-Sprühflasche vermischen.

MILDER ESSIGREINIGER

1 Teil Branntweinessig, 2 Teile Wasser, 5 Tropfen Lavendelöl

Essig und Wasser in einer 500-ml-Sprühflasche vermischen. Nach Wunsch fünf Tropfen ätherisches Öl hinzugeben. Ich mag am liebsten Lavendel-, Grapefruit-, Orangen-, Zitronen- oder Pfefferminzöl.

Badreiniger

ABFLUSSREINIGER

1 Tasse Tafelsalz, 1 Tasse Natron, 1 Tasse Branntweinessig

Salz und Natron in einer kleinen Schüssel gut vermengen. In einem Topf 2–3 Liter Wasser zum Kochen bringen. Das Pulver in den Abfluss kippen, den Essig langsam nachgießen und 1–2 Minuten lang schäumen lassen. Das kochende Wasser in den Abfluss gießen, um Verschmutzungen zu lösen. Das Abflusssieb mit einem weichen Tuch von Salz- und Essigresten befreien.

FUGENREINIGER

¾ Tasse Natron, ½ Tasse Wasserstoffperoxid, 2–3 Tassen Wasser

Alle Zutaten zu einer Paste vermischen. Auf die Fugen auftragen und 15 Minuten einwirken lassen. Mit einer Fugen- oder Zahnbürste die Fugen schrubben.

WC-BOMBEN

1½ Tassen Natron, ½ Tasse Zitronensäurepulver, 20 Tropfen Pfefferminzöl

Natron und Zitronensäurepulver in einer Schüssel gut vermengen. Das Pfefferminzöl langsam dazuträufeln, damit es sich gleichmäßig verteilt.

Unter Rühren ein wenig Wasser mit einer Sprühflasche in die Mischung sprühen, bis das Pulver Klumpen bildet. Das Pulver beginnt zu schäumen, daher nicht zu viel Wasser verwenden.

Die feuchte Mischung in Silikonformen füllen und über Nacht trocknen lassen. Schaumreste wegwischen. Die fertigen Bomben entnehmen und in einem luftdichten Behälter aufbewahren.

Zum Reinigen eine Bombe in die Toilettenschüssel geben und aufschäumen lassen. Wenn sich die Bombe aufgelöst hat, die Spülung betätigen.

WC-REINIGER

Kastilien-Flüssigseife, Natron

Die Seife unter den Rand der Toilettenschüssel spritzen. Dann ½ Tasse Natron in die WC-Schüssel streuen. Mit der WC-Bürste schrubben. Spülen.

BAD- UND FLIESENREINIGER

½ Tasse Borax, ½ Tasse Natron, 1 TL Kastilien-Flüssigseife

Alle Zutaten zusammen mit 2–3 Tassen heißem Wasser in einem Eimer gut vermischen.

Teppich- und Möbelreiniger

ALLZWECK-FLECKENENTFERNER FÜR TEPPICHE

1 TL Kastilienseife, Wasser

Alle Zutaten in einer 500-ml-Sprühflasche vermischen.

ESSIG-FLECKENENTFERNER FÜR TEPPICHE

1 EL Kastilienseife, 1 EL Essig, 2 Tassen warmes Wasser

Alle Zutaten in einer 500-ml-Sprühflasche vermischen.

MÖBELPOLITUR

½ Tasse Jojobaöl, 2 EL Branntweinessig, 5 Tropfen Zitronenöl

Alle Zutaten in ein verschließbares 250-ml-Glas geben. Kräftig schütteln, bis alles vermischt ist.

Bodenreiniger

ALLZWECK-BODENPFLEGE

1 TL Mandel-Kastilienseife, ¼ Tasse Branntweinessig, 10 Tropfen Orangenöl, 10 Tropfen Nelkenöl

Alle Zutaten in einer 750-ml-Sprühflasche mit heißem Wasser vermischen.

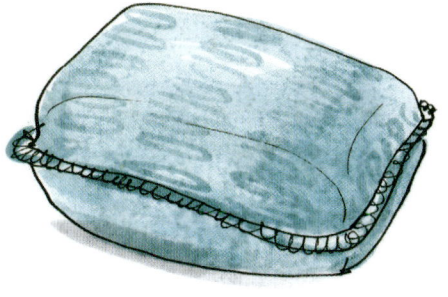

HARTHOLZ-BODENPFLEGE

1 TL Mandel-Kastilienseife und 10 Tropfen Zitronenöl

In einer 750-ml-Sprühflasche mit heißem Wasser vermischen. Sparsam verwenden, um das Holz zu schonen. Nicht für unbehandeltes Holz geeignet!

LAMINAT-BODENPFLEGE

¾ Tasse Branntweinessig, ¾ Tasse Reinigungsalkohol, 10 Tropfen Pfefferminzöl

Alle Zutaten in einer 750-ml-Sprühflasche mit einer ¾ Tasse heißem Wasser vermischen. Sparsam verwenden.

FLIESEN-BODENPFLEGE

¼ Tasse Branntweinessig und 15 Tropfen Orangenöl

Alle Zutaten in einer 750-ml-Sprühflasche mit heißem Wasser vermischen.

VINYL-BODENPFLEGE

¼ Tasse Branntweinessig, 3 El Borax, 10 Tropfen Zitronenöl, 10 Tropfen Lavendelöl

Alle Zutaten in einer 750-ml-Sprühflasche mit heißem Wasser vermischen.

Küchenreiniger

MÜLLSCHLUCKER-BOMBEN

(Für 24 Bomben) ½ Tasse Zitronensäure, 1½ Tassen Natron, 30 Tropfen Orangenöl

Alle Zutaten in einer Schüssel gut vermischen. Gerade so viel Wasser hineinsprühen, dass die Mischung klebrig wird. Die Paste zu kleinen Kugeln formen und über Nacht auf einem Backblech trocknen lassen. Die Bomben in einem luftdichten Behälter aufbewahren.

Wäschereiniger

BLEICHMITTEL

1 Tasse Wasserstoffperoxid, ¼ Tasse Zitronensaft, 3 Liter Wasser

Alle Zutaten in einem großen Behälter vermischen. Pro Waschladung 1–2 Tassen in das Bleichmittelfach geben.

WASCHPULVER

3 Stück Seife, z. B. von Dr. Bronner's oder Fels-Naptha, 2 kg Borax, 2 kg Natron, 2 kg Waschsoda

Die Seife in der Küchenmaschine oder mit einer Käsereibe zerkleinern. Alle Zutaten in einem großen, verschließbaren Behälter vermischen.

Anwendung: Zwei gehäufte Esslöffel des Pulvers in die Waschmaschine geben. Hochleistungswaschmaschinen benötigen etwas weniger.

Register

Register

Register

Register

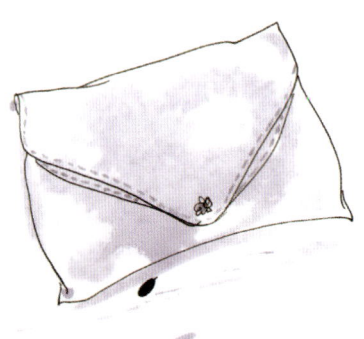

Danksagung

Ich bin sehr dankbar, dass ich ein Begleitbuch zu *Platz schaffen* schreiben konnte, um das Thema Haushalt noch umfassender zu behandeln. Gott meint es gut mit mir und er hat mit eine Plattform gegeben, über die ich auch andere Menschen positiv beeinflussen kann. Wenn ich auch nur einer Person helfen konnte, ihr Zuhause und ihre Lebensqualität durch mehr Ordnung und Sauberkeit zu verbessern, hat sich dieses Buch schon gelohnt.

Ein herzliches Dankeschön an Weldon Owen für diese weitere wunderbare Möglichkeit, Menschen zu motivieren. Danke an meinen Lektor Kevin Toyama. Ich bewundere dein Sachverständnis und dein Talent, die richtigen Worte zu finden. Ich danke Katherine Pearson und Francie MacDougal – ihr wart die treibenden Kräfte hinter diesem Buch. Dank auch an die Designerin Jennifer Durant für ihre unglaubliche Engelsgeduld. Ich bedanke mich bei den Herausgebern Roger Shaw und Mariah Bear und beim ganzen Team, das an der Entstehung und Vermarktung des Buchs mitgewirkt hat: Kelly Booth, Allister Fein, Ian Cannon, Michelle Duggan, Jamie Antoniou, Cathy Hebert, Mark Nichol, Kevin Broccoli, Conor Buckley sowie bei den Illustratoren Louise Morgan und Juan Calle. Vielen Dank für ein weiteres fabelhaftes Buch! Und danke, Nikki Boyd, dass du auch dieses Mal wieder etwas von deinem Wissen beigesteuert hast.

Ich danke natürlich auch meinen Fans, meiner Online-Community und meinen vielen Freunden auf der ganzen Welt. Ohne euch hätte das Buch nicht so viele Leser. Ihr seid mein Ansporn, meine Inspiration und der Grund, warum ich das alles mache.

Zum Abschluss danke ich noch meiner wunderbaren Familie, die mich immer unterstützt und meine Erfolge mit mir teilt: Alex, Gavin und Abigail, ich bin so stolz auf euch. Wegen euch strebe ich nach mehr. Und ich danke meinem Mann und Seelenverwandten John. Danke, dass du jeden Tag für mich da bist. Ich kann mir ein Leben ohne dich gar nicht vorstellen. Ich liebe euch alle von ganzem Herzen.

Über die Autorin

Toni Hammersley ist die Gründerin und Verfasserin von *www.abowlfulloflemons.net,* einer Organisationswebsite, die Ordnung in das Leben tausender Menschen auf der ganzen Welt bringt. Sie ist die Autorin des Bestsellers *Platz schaffen* und veranstaltet jedes Jahr einen Ordnungswettbewerb, der ihren Lesern bei der Beseitigung von Unordnung helfen soll. Sie lebt mit ihrem Mann und ihren drei Kindern in Charleston, South Carolina.

Bildnachweis

Alle Fotos © Toni Hammersley außer die folgenden: Africa Studio / shutterstock: 079; Akira3288/shutterstock: 042; Jean Allsopp Photography / Paige Schnell at Tracery Interiors: Titelfoto, Küche Titel, 072, Doppelseite vor Küchen-Checkliste, Doppelseite nach Rezepten; baloon/shutterstock: 077; Tracey Ayton: Waschküche Titel; Lincoln Barbour: Titelseite, 058, 066, Doppelseite nach Büro-Checkliste; Amy Bartlam / Click Creative Inc.: Wohnbereiche Titel; Breadmaker/shutterstock: 033; brizmaker/shutterstock: 069; Bunker Workshop (Innendesign) / Matt Delphenich (Foto): 098; Sara K. Byrne Photography / Stocksy: 057 (Tipp); Beth Dana Design / Gazston Gal Photography: 027, 090, 091, 115, 122, 164; Elena Elisseeva / shutterstock: 012; Raymond Forbes / Stocksy: 127, 168, 182; Ryann Ford: 010, 082; marilook/shutterstock: 016; Interior Therapy (www.interiortherapy.co.uk): 138; Jodie Johnson / shutterstock: 121; Simon Kenny: 021; Kunertus/shutterstock: 075; Marta Locklear: 213; Lumina Images / Stocksy: 156; Kathryn MacDonald: 108, 111; Ray Main / Mainstream Images: Badezimmer Titel; papa studio / shutterstock: 176; Paul Matthew Photography / shutterstock: 030; Marian Parsons (missmustardseed.com): Badezimmer Titel, 150, 190, 207, 232, 236; One Three Design Inc. / Stephani Buchman: Waschküche Titel; Aubrey Pick: TOC, Autorin Titel, 008, 009, 032, 104, 149, 156 (Löffel und Glas mit Waschpulver), 157 197, 208, Reinigungs-Checklisten Titel, gegenüber täglicher und monatlicher Checklisten (unter Reinigungs-Checklisten), Rezepte Titel, Impressum, ganze letzte Seite; Trinette Reed Photography / Stocksy: 105, 128, Doppelseite nach Badezimmer-Checkliste; Kelly Scanlon Design / Onyx and Ash Studios (Foto): 056, 116; James Tarry / Stocksy: 142; Gillian van Niekerk / Stocksy: 200; Kristine Ridley Weilert / Stocksy: 185

Titelfoto: Jean Allsopp (Fotografie) und
Paige Schnell at Tracery Interiors (Innendesign)

Bibliografische Information der Deutschen Nationalbibliothek

Die Deutsche Nationalbibliothek verzeichnet diese Publikation in der Deutschen Nationalbibliografie. Detaillierte bibliografische Daten sind im Internet über http://dnb.d-nb.de abrufbar.

Für Fragen und Anregungen:
info@mvg-verlag.de

1. Auflage 2019

© 2019 by mvg Verlag, ein Imprint der Münchner Verlagsgruppe GmbH,
Nymphenburger Straße 86
D-80636 München
Tel.: 089 651285-0
Fax: 089 652096

Die englische Originalausgabe erschien 2017 bei Weldon Owen unter dem Titel *The Complete Book of Clean*.
© 2017 Weldon Owen Inc.
A Bowl Full of Lemons © A Bowl Full of Lemons, LLC.

Redaktion und Satz: Print Company Verlagsges.m.b.H., Wien
Übersetzung: Nina Kavelar
Umschlaggestaltung: Manuela Amode

Printed in China

ISBN Print 978-3-7474-0003-6
ISBN E-Book (PDF) 978-3-96121-323-8
ISBN E-Book (EPUB, Mobi) 978-3-96121-324-5

Weitere Informationen zum Verlag finden Sie unter

www.mvg-verlag.de

Beachten Sie auch unsere weiteren Verlage unter
www.m-vg.de

Weldon Owen bedankt sich bei Ethel Brennan, Aubrey Pick und Miki Vargas für die wunderbaren Fotos und Gestaltungsideen, bei Tammy White für die Bildbearbeitung, bei Mark Nichol für seine redaktionelle Arbeit und bei BIM Creatives für das Register.